Beck-Wirtschaftsberater

Telefonieren mit Erfolg

dtv

Beck-Wirtschaftsberater

Telefonieren mit Erfolg

Die Kunst des richtigen Telefonmarketing

von
Frieder Barth

mit einem Kapitel zu Korrespondenz
von Sigrid Varduhn

Deutscher Taschenbuch Verlag

Originalausgabe
Deutscher Taschenbuch Verlag GmbH & Co. KG,
Friedrichstraße 1 a, 80801 München
© 2000. Redaktionelle Verantwortung: Verlag C. H. Beck oHG
Druck und Bindung: C. H. Beck'sche Buchdruckerei, Nördlingen
(Adresse der Druckerei: Wilhelmstraße 9, 80801 München)
Satz: primustype Robert Hurler GmbH, Notzingen
Umschlaggestaltung: Agentur 42 (Fuhr & Partner), Mainz
ISBN 3 423 50846 9 (dtv)
ISBN 3 406 46519 6 (C. H. Beck)

Für Gabi, Finn und Lasse

Inhaltsverzeichnis

Die „neue" Dienstleistung: Telefonieren 1
Das Telefon als Marketing-Instrument 1

1. König Kunde 5
Service-Wüste Deutschland? Zur Außenwirkung von Unternehmen 5
Kundenorientierung: Die Nase vorn im Wettbewerb 6

2. Grundlagen der Kommunikation 9
Die Quadratur der Nachricht: Sachinhalt, Selbstoffenbarung, Beziehungsaspekt, Appell 9
Der Kunde entscheidet, was er hören will: Informationsverluste einkalkulieren 13
Der Eisberg: Gefühle spielen beim Kauf die Hauptrolle 15
Gehirnleistungen, oder: Wie schnell, denken Sie, können Sie denken? 18
Die drei wichtigsten Sinneskanäle: Die auditive, visuelle und kinästhetische Wahrnehmung 21
Einfühlung ist das A und O 25
Informationsverarbeitung am Telefon: Zur Bedeutung des auditiven Kanals 26
Ein Bild sagt mehr als tausend Worte 26

3. Telefonieren kann jeder – Professionelles Verhalten am Telefon 29
Gesprächsvorbereitung 29
Die Stimme als Visitenkarte 30
Sieben goldene Regeln für eine lebendige Rhetorik 31
Der erste Eindruck zählt 34
Die Begrüßung bei eingehenden und ausgehenden Gesprächen 35

VII

Inhaltsverzeichnis

Weitervermittlung an Dritte: Kann ich etwas ausrichten? 38
Die Kunst, „verbale Bonbons" zu verschenken: Jeder Kunde
braucht Streicheleinheiten 39
Was halten Sie von sich und Ihrem Telefonpartner? 41
Drei in Eins: Die Persönlichkeit 42
Das Kindheits-Ich und seine Sprache 44
Das Eltern-Ich und seine Sprache 45
Das Erwachsenen-Ich und seine Sprache 46
Ich bin o.k., Du bist o.k. : Psychologischer Hintergrund der
vier Lebenseinstellungen 48
Die Kunst des Zuhörens: Basis für eine positive
Beziehung 51
Ein gutes Gesprächsklima schaffen: Damit der Funke
überspringt 53
Wer fragt, führt: Warum Fragen so wichtig sind 54
Die fünf wichtigsten Fragearten: offene Frage, geschlossene
Frage, Alternativfrage, Suggestivfrage und rhetorische
Frage 56
Hindernisse und Probleme: Wenn ein Kunde
nicht antworten will 63

4. Der Umgang mit Reklamationen 65
Was ein reklamierender Kunde erwartet 65
Bewahren Sie einen kühlen Kopf: Konflikte sind Herausforderungen 67
15 Tipps zur Reklamationsbehandlung 69

5. Verkaufstechnik: Der ideale Gesprächsverlauf 71
Die Gesprächseröffnung 71
Die Situations- und Bedarfsanalyse 74
Die Produktpräsentation: Vorteil-Nutzen-Argumentation 78
Einwände sind das Salz in der Suppe 85
Techniken zur Einwandbehandlung 91
Kurz und knapp: 10 Regeln zur Einwandbehandlung 95
Entscheidungsfindung: Das Gewinner-Team 97
Die Abschlussphase: Zielvereinbarung, Zusammenfassung,
Abschlussfrage, Verabschiedung 98

6. Die wichtigsten Telefon-Tipps und -Tricks in aller Kürze . . . 101
25 Tipps und Anregungen für ein erfolgreiches Telefonat 101

7. Korrespondenz – Ein anderes Medium, die gleichen Ziele . . . 105
Sieben Regeln für Ihre Korrespondenz 106
Checkliste zum schnellen Verbessern Ihrer Briefe 108
Sieben Schritte zur Vorbereitung eines Briefes 109
Der Aufbau eines Geschäftsbriefes 110
Antworten auf häufig gestellte Fragen zur Korrespondenz 113
Tipps für die Organisation Ihrer Korrespondenz 115
Tipps zum Einsatz der neuen Rechtschreibung 115
Tipps für Ihre Fax-Korrespondenz 116
Die E-Mail-Korrespondenz hat viele Vorteile 116
Tipps für Ihr E-Mail-Management 118
Tipps für die Gestaltung Ihrer E-Mail 121

Anhang: Musterbriefe 127

Literatur-Empfehlungen 133

Die „neue" Dienstleistung: Telefonieren

Das Telefon als Marketing-Instrument

Kommunikation ist grenzenlos. Modernste Technik macht es möglich, dass wir immer enger zusammenrücken – privat und geschäftlich. Das „Zeitalter der Telekommunikation", erst vor einigen Jahren ausgerufen, hat sich in den letzten 50 bis 100 Jahren in atemberaubendem Ausmaß entwickelt. Seit seiner Erfindung durch Alexander Graham Bell im Jahre 1876 ist das Telefon – damals hieß es noch elektromagnetischer Fernsprecher – eines der wichtigsten Kommunikationsmittel zwischen den Menschen geworden.

War es noch in den 70er Jahren etwas verwunderlich, wenn die Nachbarin oder der kleine Laden an der Ecke kein eigenes Telefon besaß, wäre das heute unvorstellbar. Die meisten von uns besitzen mittlerweile längst mehr als nur ein Telefon. Ob Schnurlos-, Komfort-, Bild- oder Mobiltelefon: Die Auswahl an Telefonen ist unerschöpflich. Ein paar Zahlen zur Entwicklung: Waren 1920 lediglich 1 Million Menschen in Deutschland stolze Besitzer eines Telefonanschlusses, waren es 1990 bereits 32 Millionen und 2000 schon 47,8 Millionen. Seitdem wächst allein die Zahl an ISDN-Anschlüssen rasant: monatlich um etwa 165 000. Bis zur Jahrtausendwende war die sogenannte „Vollversorgung" in Ost und West erreicht, das heißt: Es gibt kaum noch einen Haushalt, der nicht telefonisch verdrahtet ist. Im Osten besitzen 97 Prozent ein Telefon, im Westen sind es 99 Prozent.

Telefonieren hat sich zum gigantischen Wirtschaftsfaktor entwickelt. Vor allem aber veränderte sich in den letzten Jahren die Bedeutung des Telefons als Marketing-Instrument. Telefonische Kontakte sind aus dem Kundenservice und der Dienstleistungsbranche nicht mehr wegzudenken. In vielen Fällen – natürlich längst nicht in allen – kann ein kurzes Telefonat im wahrsten Sinne des Wortes „Gold wert" sein. Es ersetzt aufwendige An- und Abfahrten und ist somit schlicht zeit- und kostensparender als ein Kundenbesuch vor

Ort. Der Griff zum Telefon wird für Kunden und Verkäufer immer selbstverständlicher. Erfreulich dabei ist, dass nach dem Wegfall des Telekom-Monopols der erbitterte Preiskampf zwischen den neuen Anbietern Früchte zeigte und die Preise fallen ließ...

> Die Telefonkosten werden auch in Zukunft weiter sinken und damit wird es noch einfacher, zum Telefon zu greifen. Zugleich werden auch die Ansprüche und Bedürfnisse der Kunden weiter wachsen.

Kein Wunder, dass derzeit besonders die Telefonmarketing-Branche in regelrechte Goldgräberstimmung verfällt. Ob in Akquise, Verkauf, Vertrieb, Kundenbetreuung – sie bricht einen Rekord nach dem anderen: beim Umsatz, bei der Zahl neu geschaffener Arbeitsplätze und beim Anrufvolumen. Immer mehr Firmen wollen ihren Service durch Kundendienst-Telefone verbessern. Eine Waschmaschine bestellen, Kinokarten reservieren, Flüge buchen oder ein Abonnement verlängern: Fast überall landet der Kunde heute bei einem Kundentelefon. Nach Schätzungen des Deutschen Direktmarketing-Verbandes sind über 190 000 Menschen derzeit in rund 2000 Call-Centern beschäftigt – und ein Ende dieses Booms ist längst nicht abzusehen: Experten gehen davon aus, dass die Branche in kürzester Zeit noch einmal um 50 Prozent wachsen wird. Die positive Folge: Es entstehen zigtausend neue Arbeitsplätze.

Die Kunden von heute sind anspruchsvoll. Und immer häufiger greifen sie zum Telefon, um ihre Ansprüche an Service und Dienstleistungen zu befriedigen: Einige wollen sich informieren, andere einen Rat zu einem bestimmten Produkt einholen, dritte etwas per Telefon bestellen, wieder andere möchten eine Reklamation loswerden. Die Branche hat sich darauf eingestellt. Hierzulande existieren schon rund 100 000 kostenfreie Telefonnummern, in den USA hingegen hat beinahe jeder Vereinskassierer eine Freephone-Nummer – bereits 40 Prozent aller Gespräche kommen dort auf diesem Weg zustande!

Doch nur, wer die Spielregeln der fernmündlichen Kommunikation genau kennt, kann auch wirklich effektiv und erfolgreich am Telefon agieren, kann überzeugen und hervorragende Ergebnisse erzielen. Selbst wenn Sie, lieber Leser, es vorziehen, den direkten

Kontakt zum Kunden zu pflegen: Ein guter und effizienter Telefon-Service ist das Aushängeschild eines wettbewerbsorientierten und marktfähigen Unternehmens – und damit zeitgemäß. „Die Stimme am anderen Ende der Leitung" steht stellvertretend für das Image des Unternehmens. Aber nicht nur das: Auch *wie* telefoniert wird, hat entscheidende Bedeutung für die Kundenbindung, also für die Dauer und die Qualität des Kontaktes. Deswegen möchte ich Ihnen ein paar handfeste Tipps geben, die für erfolgreiches Telefonieren unerlässlich sind. Zunächst müssen wir uns dafür die „Welt der Kommunikation" etwas genauer ansehen.

Unsere Sprache ist ein Universum. Ich möchte Sie auf den nächsten Seiten einladen, dieses Universum mit mir zusammen zu erobern. Keine Angst: Für unsere Entdeckungsreise in die Welt der Kommunikation benötigen Sie nur leichtes Gepäck – doch drei Dinge sollten sich mindestens darin befinden: Neugier, Sensibilität und die Lust, sich selbst und andere beim Telefonieren genau wahrzunehmen. Sich etwas bewusst zu machen, ist schon der erste Ansatz, eingefahrene und liebgewonnene Gewohnheiten abzustreifen. Und was beim Telefonieren an erster Stelle zählt, ist Flexibilität und Sensibilität.

> Richtig Telefonieren ist keine Geheimwissenschaft.
> Sie selbst sind der Baumeister für jedes erfolgreiche Telefonat.

So wie man bei einem Hausbau Stein auf Stein legt, möchte ich Ihnen in meinem Telefon-Handbuch step by step die „Baupläne" für ein erfolgreiches Telefonat mit zufriedenen Kunden an die Hand geben.

Und dies erwartet Sie auf den nächsten Seiten des Handbuchs: Tipps zum Umgang mit dem Kunden, Basiswissen über die menschliche Kommunikation, bewährte Methoden und Tricks für Verkaufsgespräche, kluge Fragetechniken sowie die richtige Umgehensweise mit Reklamationen und Einwänden. Ein Kapitel zur klassischen, schriftlichen Korrespondenz sowie zur modernen E-Mail-Korrespondenz wird dann am Schluss des Buches zeigen, dass es mitunter wichtig sein kann, das Gesagte auch schwarz auf weiß zu haben.

1. König Kunde

Service-Wüste Deutschland?
Zur Außenwirkung von Unternehmen

Seit einigen Jahren überbieten sich Zeitungen und andere Medien mit Negativ-Schlagzeilen zum Thema: „Service-Wüste Deutschland". Da ist von unfreundlichen Kellnern und Verkäufern oder auch desinformierten Dienstleistern die Rede. Wahrscheinlich wissen Sie aus eigener Erfahrung, dass es die Nerven bloßlegen kann, minutenlang in den Telefon-Warteschleifen irgendwelcher Firmen oder Behörden hängen gelassen zu werden. „Warten Sie bitte, wir versuchen weiter, Sie zu verbinden...Warten Sie bitte, wir versuchen weiter, Sie zu verbinden...". „Wieso *versuchen*?", fragen Sie sich dann, „tut es doch endlich!" Ebenso häufig geschieht es, dass Sie innerhalb einer Firma zum x-ten Mal und ohne Begründung weiter gestellt werden und Ihren Namen und den Grund Ihres Anrufs etliche Male durchbuchstabieren müssen, bis Sie, Ihren Unmut bereits nur mühsam im Zaum haltend, endlich bei einem kompetenten Ansprechpartner landen – oder eben auch nicht. Ein anderes Mal stehen Sie verloren im Kaufhaus, auf der Suche nach einem bestimmten Produkt. Weit und breit kein Mensch, der Ihnen Rat anbietet...doch da! Dort ist eine Kasse besetzt! „Ich kann hier gerade nicht weg", bekommen Sie als Antwort, oder: „Mein Kollege isst nur schnell zu Mittag." Oder, oder, oder. Beispiele finden sich zur Genüge. Viel zu oft beschleicht einen in diesen Momenten das Gefühl, Verkäufer oder Berater seien nicht nur gestreßt und überfordert, sondern auch gelangweilt oder einfach unwillig, sich mit ihrem Gegenüber freundlich auseinander zu setzen.

Kurz, der Begriff „Kunden- und Service-Orientierung" ist nicht grundlos in den Medien zum absoluten Top-Thema avanciert. Dass sich in den letzten Jahren an der Freundlichkeit in der Dienstleistungsbranche nur zögerlich etwas geändert hat, ist jedoch sehr erstaunlich. Schließlich befindet sich das am wenigsten ausgeschöpfte wirtschaftliche Potenzial nach wie vor auf dem Dienstleistungs-

1. König Kunde

Sektor. Hier sind große Gewinne möglich und daran wird sich auch in Zukunft nichts ändern. Warum, fragt manch einer sich verwundert, gleicht dieser „Marktplatz" dann immer noch eher einer öden Wüste denn einer blühenden Oase?

Allem Anschein nach tun sich gerade die Deutschen mit dem Begriff „Dienstleistung" ziemlich schwer. Wahrscheinlich, weil darin „Diener" und „dienen" steckt. Beide Worte wecken hierzulande unangenehme Assoziationen an unterwürfiges, opportunes Verhalten. Dabei versteht es sich von selbst, dass bei einer „Kunden- und Service-Orientierung" kein Mensch eine untertänige Haltung von Ihnen verlangt! Eine frische, aufgeschlossene Art am Telefon ist dagegen völlig ausreichend und spielt eine unglaublich wichtige Rolle für das Image Ihres Unternehmens.

> Viele Unternehmen unterscheiden sich von ihren Konkurrenten nur durch die auf den Kunden orientierte Blickrichtung. Der Kunde ist König.

Kundenorientierung: Die Nase vorn im Wettbewerb

Wenn Sie heute in ein Kaufhaus oder in eine Boutique gehen, und Sie werden dort nett und höflich behandelt – wohlgemerkt *nicht* mit übertriebener und aufgesetzter Freundlichkeit – werden Sie sich sicher mit gutem Gefühl daran zurück erinnern – und irgendwann wiederkommen. Vielleicht hätten Sie sogar das Produkt, sei es ein gutes Essen, ein rotes Kleid, einen Computer, woanders viel günstiger bekommen. Doch das spielt kaum eine Rolle. Jeder hat seine Lieblingsgeschäfte, Lieblingsrestaurants oder seinen Lieblingssachbearbeiter. Alle Menschen gehen gern an Orte oder zu Menschen zurück, bei denen wir uns „einfach gut aufgehoben" fühlen. Mit der Qualität eines bestimmten Produkts hat das herzlich wenig zu tun. Dafür umso mehr mit unserem „Bauchgefühl"; damit, sich wohl zu fühlen in einer speziellen Umgebung.

> Alle Entscheidungen werden mit dem Gefühl getroffen und mit dem Verstand begründet. Sind Sie sich dessen stets bewusst, haben Sie den ersten entscheidenden Vorteil auf Ihrer Seite!

Weil die Medien das Fehlen von Freundlichkeit und Service-Leistung zu Recht anprangern, hat sich auch bei der Bevölkerung eine immer höhere Sensibilität bei der Inanspruchnahme von Dienstleistungen oder beim Einkauf von Waren entwickelt. Mittlerweile machen viele Menschen ihrem Ärger Luft, wenn sie ewig in einer Schlange stehen müssen, oder zu lange auf einen Verkäufer warten. Oder eben auch wenn niemand ans Telefon geht. „Wenn die mein Geld nicht brauchen, kaufe ich eben woanders!", lautet dann unsere prompte Reaktion.

Und schon ist es geschehen: Die Firma ist den Kunden los, und ein eventuell lukrativer Auftrag geht an die Konkurrenz. Ein erheblicher Wettbewerbsvorteil gegenüber anderen Unternehmen liegt also in der Art des Umgehens mit dem Kunden. Bei Licht betrachtet ist er ja auch derjenige, der für unser Gehalt sorgt! Sobald sich der Kunde für einen anderen Anbieter entscheidet, entfallen Sinn und Zweck unserer Tätigkeit. Es ist deswegen äußerst wichtig, das Thema „Kunden- und Serviceorientierung" unter die Lupe zu nehmen und sich genaueste Gedanken darüber zu machen, was in dem Begriff „Kundenorientierung" eigentlich wirklich steckt: Die gedankliche Ausrichtung auf den Kunden.

In der Realität jedoch werden Kunden vielfach das Gefühl nicht los, der jeweilige Ansprechpartner setze sich nur am Rande oder gar nicht mit seinen geäußerten Wünschen und Bedürfnissen auseinander. Genau darum geht es aber! Im Idealfall muss es sogar egal sein, welche eigenen persönlichen Wünsche Sie, den Ansprechpartner des Kunden, gerade beschäftigen, oder in welcher Tagesform Sie sind – etwa müde, angespannt oder gestresst. Nichts darf Sie ernsthaft daran hindern, die Bedürfnisse und Belange Ihres Kunden wahrzunehmen. Erst wenn Sie Ihre Person weitgehend aus dem Spiel lassen, können Sie herausfinden, was Ihr Gegenüber wirklich bedrückt oder beschäftigt. Zwei kurze Beispiele sollen dies verdeutlichen: Bei einer *Reklamation* sollte Sie nur eines interessieren: Wo drückt dem Kunden der Schuh? Bei einem problematischen *Verkaufsgespräch* ist so schnell wie möglich herauszufinden, was genau Ihrem Kunden noch an Information fehlt – erst dann können Sie ihn zu seinem (und Ihrem) Vorteil überzeugen. Nutzen Sie Ihre Intelligenz und Ihre Kreativität, um den anderen wahrzunehmen! Erfor-

1. König Kunde

schen Sie die Wünsche des Kunden und verknüpfen Sie diese mit Ihren Zielen!

> Unabhängig von allen Tipps und Tricks sollten Sie sich aber klarmachen, dass im Mittelpunkt eines jeden Verkaufsgesprächs der Kunde steht und nicht das zu verkaufende Produkt!

Wer diese Grundregel nicht beachtet, kann seinen Gesprächspartner lediglich kurzfristig „über den Tisch ziehen" und zum Kauf einer Ware regelrecht „zwingen". Letztendlich werden Sie davon jedoch nicht viel haben, denn so ein Kundenverhältnis wird sicherlich nicht tragfähig oder von Dauer sein. Bei allen Finessen und Tricks in der Gesprächsführung, die ich in diesem Buch erläutern werde, möchte ich Ihnen eines wirklich ans Herz legen: Fokussieren Sie nicht allein auf Ihren persönlichen Vorteil. Richten Sie sämtliche Antennen auf den Gesprächspartner aus. Er braucht ihre Aufmerksamkeit, um sich Ihnen ganz zu öffnen. Der positive Nebeneffekt: Sie behalten während eines Gesprächs, gerade auch am Telefon, einen kühlen Kopf – was nicht nur bei kniffeligen Verhandlungen von Vorteil ist. Es geht mir nicht darum, Ihnen seelenlose, aufgesetzte Techniken zu vermitteln, sondern darum, dass Sie sich ernsthaft für das Problem des Zuhörers interessieren und ihm offen und mit Respekt begegnen.

Nach diesen Einführungen lade ich Sie nun ein, mit mir die „Welt der Kommunikation" zu betreten. Nur wer sich in kleinsten Schritten klar macht, was genau während jedem noch so kurzen Gespräch zwischen zwei Menschen an Informationen hin- und her fließt, ist auch fähig, bestimmte Verhaltensweisen anderer Menschen zu begreifen. Echter Austausch zwischen Menschen braucht kommunikative Fähigkeiten – bei denen es jedoch nicht nur auf die richtige Technik ankommt, sondern auch auf Flexibilität und auf Gespür, wie Sie sehen werden.

2. Grundlagen der Kommunikation

Sind Sie auch der Meinung, dass Sprechen und Zuhören ganz einfache Angelegenheiten, ja Selbstverständlichkeiten sind? Dann irren Sie sich ganz gewaltig. Mehr noch: Sie erliegen einer Annahme, die schnell zu Verwicklungen, Frustrationen oder gar zu großen geschäftlichen Verlusten führen kann. Denn alles was wir sagen, enthält neben den rein sachlichen Informationen noch einen bunten Strauß weiterer Botschaften. Deswegen ist längst nicht immer gewiss, ob unser Gegenüber das Gesagte auch in unserem Sinne versteht. Sie werden sehen, dass es äußerst spannend sein kann, eigene Sätze oder die Ihres Gesprächspartners nach versteckten Inhalten zu durchforsten und unter die Lupe zu nehmen.

Kommunikation ist überall. Sie hat nicht nur Einfluss auf unseren beruflichen Erfolg und unsere Partnerschaften, sondern auch auf unsere Innenwelt, unsere Gefühle, unsere Gedanken, unsere Einstellungen und Moral. Und auf unser Lebensgefühl. Wird man missverstanden, fühlt man sich irgendwann unsicher. Ein gelungenes Gespräch dagegen hebt das eigene Selbstwertgefühl – und das kann auch für das Unternehmen, in dem Sie arbeiten, von Nutzen sein.

Die Quadratur der Nachricht: Sachinhalt, Selbstoffenbarung, Beziehungsaspekt, Appell

Menschliche Kommunikation kann als Modell dargestellt werden. Dabei gibt es einen Sender, einen Empfänger und eine Botschaft. Die Reaktion des Empfängers auf die Botschaft wird als Feedback bezeichnet.

Ein von mir sehr geschätztes Kommunikationsmodell hat Friedemann Schulz von Thun entwickelt. Der Hamburger Kommunikationsexperte und Hochschullehrer im Fachbereich Psychologie beleuchtet menschliche Kommunikation von vier Seiten: Vom sogenannten Sach-, Beziehungs-, Selbstoffenbarungs-, und Appell-

2. Grundlagen der Kommunikation

aspekt. Ob der Sprecher oder die Sprecherin will oder nicht, er oder sie „sendet" stets auf all diesen vier Ebenen:

Der Sachinhalt – oder was ich dir sage

Der Sachinhalt einer Botschaft besteht aus Zahlen, Daten und Fakten. Eine klassische Nachricht am Telefon könnte folgendermaßen lauten: „Jetzt warte ich schon zwei Wochen auf Ihre Ware!" Die reine Sachinformation lautet: Zwei Wochen wird auf eine Ware gewartet. Doch lesen Sie jetzt den obigen Satz noch einmal laut, und beobachten Sie sich dabei! Sie werden merken, dass noch weitere, sehr wichtige Informationen transportiert werden.

Damit kommen wir zum zweiten Aspekt:

Die Selbstoffenbarung – oder was ich von mir selbst kundgebe

Die Selbstoffenbarung besteht aus zwei Teilen: der gewollten *Selbstdarstellung* (wie zeige ich mich meinem Gesprächspartner, wie präsentiere ich mich ihm? Souverän, stark, einfühlsam...?) und dem eher unbewussten, ungewollten Teil der *Selbstenthüllungen*. Letztere Seite ist psychologisch hochbrisant. Bei dem oben genannten Satz sagt jemand aus, dass er sehr enttäuscht ist. Und ungeduldig. Vielleicht will er unbewusst sogar folgendes ausdrücken: „Ich wollte dieses Produkt längst benutzen und hatte mich so auf die Zuverlässigkeit Ihres Unternehmens verlassen." Ganz nebenbei erhalten wir wichtige Informationen über die Person des Beschwerdeführers, Kostproben seiner Persönlichkeit. Hinter jedem Satz werden ganz individuelle Moralvorstellungen und Wertesysteme offenbar. Man könnte unseren Anrufer einen Menschen nennen, für den beispielsweise Verlässlichkeit ein wichtiger Faktor im Leben ist.

Kommen wir zur dritten Ebene der Kommunikation.

Die Beziehungsebene – oder was ich von dir halte und wie wir zueinander stehen

Die Beziehungsebene zeigt sich oft im Tonfall und in anderen, nichtsprachlichen Begleitsignalen wie Räuspern, Tempo oder Pausen. Um diese äußerst wichtige Seite zu erkennen, braucht man ein sehr feines Gehör und Gespür. Denn hier zeigt der Kunde, wie er sich behandelt fühlt – oder wie er zu dem Unternehmen, bei dem er gerade anruft, steht. Auch möglich ist, dass er einen deutlichen Hinweis loswerden will. In diesem Fall könnte hinter dem Satz vielleicht der satte Vorwurf versteckt sein: „Was ist das bloß für ein Unternehmen, da klappt ja gar nichts bei Ihnen." Die Kernaussage lautet in jedem Fall: „Ich halte nicht viel von Ihnen." Oft macht hier der Tonfall die Musik: Durch Stimme und Ton offenbaren sich Ablehnung, Entrüstung etc. Doch damit allein gibt sich der Sprecher meistens nicht zufrieden. Er will auf sein Gegenüber auch Einfluss nehmen.

Damit haben wir den vierte Aspekt der Kommunikation erreicht.

Der Appell – oder wozu ich dich veranlassen möchte

Auf der Appellebene befindet sich meistens folgende versteckte Aufforderung: Der andere soll sein Verhalten überdenken oder ändern. Für unser Beispiel könnte der Appell lauten: „Warum melden Sie mir die Verzögerung nicht selbst? Warum rufen Sie mich nicht an?" oder: „Entschuldigen Sie sich bei mir gefälligst für diese Verzögerung!" oder: „Schicken Sie mir endlich dieses Produkt!". Dieser Teil einer Nachricht soll beim Gegenüber eine Reaktion bewirken, ihn zum Handeln veranlassen oder Gefühle wie Respekt oder Scham hervorrufen. Der Versuch, Einfluss zu nehmen, kann offen oder versteckt geschehen. Bei letzterem, das muss deutlich gesagt werden, handelt es sich um Manipulation.

Offensichtlich geht es bei der Kommunikation also nicht so einfach zu, wie wir denken. Vielmehr handelt es sich um eine „vierdimensionale" Angelegenheit. Wer das nicht bedenkt, wundert sich oft über Missverständnisse oder fühlt sich „falsch verstanden". Mehr dazu im nächsten Kapitel. Besonders wichtig erscheint mir jedoch zunächst die Erkenntnis, dass die Sachebene nur den kleinsten Teil einer Kommunikation ausmacht – vielleicht ein Viertel. Die beiden Seiten Selbstoffenbarung und Appell werden der Beziehungsebene zugerechnet. Somit gestaltet sich jede Art von Kommunikation zu circa drei Vierteln durch rein emotionale Inhalte!

2. Grundlagen der Kommunikation

Kommunikationsmodell nach Friedemann Schulz von Thun

Gerade in kritischen Situationen, bei Streitereien oder komplizierten Verhandlungen etwa, kann es hilfreich sein, die vier Seiten der Kommunikation wie unter einem Mikroskop zu sezieren. Nehmen wir einmal an, Sie sagen während eines langen Telefonats zu Ihrem Kunden: „Sie sollten über unser Produkt XY erst noch weitere Informationen lesen, bevor Sie sich wirklich dagegen entscheiden." Der Kunde jedoch hört folgendes heraus: „Sie sind nicht in der Lage, wirklich einschätzen zu können, ob Ihnen das Angebot etwas bringt oder nicht." Schon muss er denken: „Der Verkäufer hält mich für zu dumm!", und Ihr vielleicht sehr freundlich gemeintes Angebot wurde eindeutig falsch verstanden. Wie konnte das geschehen? Lag dieses Missverständnis nun an Ihnen, dem Sender, oder an Ihrem Gesprächspartner, dem Empfänger der Botschaft? Sie wollten Sachinformationen geben, soviel ist klar. Die Lösung: Die Antwort des Kunden bezog sich einzig und allein auf die Beziehungsebene der Kommunikation, nicht aber auf den Sachinhalt der vermittelten Botschaft.

> Wer nur auf einer von insgesamt vier Ebenen kommuniziert oder nur auf eine Seite der Kommunikation antwortet bzw. Feedback gibt, erzeugt Missverständnisse.

Der Kunde entscheidet, was er hören will: Informationsverluste einkalkulieren

Beide Gesprächspartner sollten immer alle vier Seiten ihrer Kommunikation bedenken und einander genau zuhören! Machen Sie sich die Kenntnis über die vier Aspekte zu Nutze und schalten Sie alle vier Antennen auf Empfang. Ihr Vorteil dabei: Sie und Ihr Anliegen werden wirklich verstanden, das Gespräch kann in entspannter Atmosphäre und in Ihrem Sinne fortgesetzt werden.

Der Kunde entscheidet, was er hören will: Informationsverluste einkalkulieren

Missverständnisse sind eine alltägliche Angelegenheit. Leider müssen wir sogar davon ausgehen, dass generell bei Gesprächen vieles anders verstanden wird, als es gemeint war. Wie wir gesehen haben, birgt jede Nachricht viele andere Nachrichten in sich: versteckte, unbewusste oder auch kalkulierte. Im Allgemeinen gilt:

> Nur wenige Botschaften kommen so an, wie sie gemeint waren. Viele Informationen werden vom Empfänger verzerrt oder nur bruchstückhaft verstanden.

Warum ist das so? Weil der Empfänger die freie Wahl hat, welche der vier Seiten einer Botschaft er besonders „laut" hört – um anschließend darauf zu reagieren: Die Sach-, die Beziehungs-, die Selbstoffenbarungs- oder die Appellebene. Wunderbar wäre, wenn jeder Mensch nicht zwei, sondern vier Ohren hätte: für jede Ebene eines. Doch in der Realität verhält es sich anders. Je nachdem, welches Ohr bei einem Telefonat „auf Empfang geschaltet" ist, wird die erhaltene Nachricht auf höchst unterschiedliche Weise interpretiert. Wenn beispielsweise das Beziehungs-Ohr Ihres Gesprächspartners „abgeschaltet" ist, können Sie nichts dagegen tun. Ebensowenig dann, wenn es „eingeschaltet" ist, alle anderen „Ohren" dafür aber nicht. Am besten ist, wenn wenigstens *Sie* alle vier Ohren stets empfangsbereit halten.

> Führen Sie sich immer vor Augen, dass Ihr Gesprächspartner Ihre Aussagen interpretiert und unter Umständen etwas anderes versteht, als das, was sie gemeint haben. Versuchen, Sie mit „seinen Ohren" zu hören.

2. Grundlagen der Kommunikation

Welchen speziellen Teil einer „Botschaft" Ihr Kunde verstehen will oder kann, hängt natürlich auch von seinen individuellen Erwartungen, Befürchtungen und Ängsten ab. Nehmen wir an, Sie sagen: „Sie müssen sich noch etwas gedulden, die Lieferung kommt leider erst in zwei Wochen." Der Kunde aber hat Angst, dass Sie das Produkt gar nicht besorgen können. Also versteht er: „Der will mich doch hinhalten. Der will mir nur nicht die Wahrheit sagen, um keinen Kunden zu verlieren." Derlei Verzerrungen des Inhaltes sind gar nicht so selten!

Aus diesem Grund ist es für Sie sehr wichtig, während eines Telefonats die Reaktionen Ihres Gesprächspartners unter die Lupe zu nehmen. Sie können die Gefahr, dass er etwas „in den falschen Hals kriegt", abmildern. Hören Sie genau zu, was er verstanden hat und wie sein Feedback aussieht. Kommunizieren Sie empfängerorientiert.

> Um zu checken, ob Ihr Telefonpartner alles richtig verstanden hat, zählt seine Reaktion. Der Erfolg eines Gesprächs hängt nicht von der Absicht ab, die Sie verfolgen, sondern davon, wie Ihr Partner die Botschaft aufnimmt und darauf reagiert.

Nicht oft genug betont werden kann die Tatsache, dass auf dem Weg von Ihnen zu Ihrem Gesprächspartner wichtige Informationen sprichwörtlich „in der Leitung hängen bleiben" oder sich in Luft auflösen. Anders gesagt: Jede Nachricht leidet auf ihrer Reise von einem zum anderen Menschen zwangsläufig unter drastischem Informationsschwund. Von dem, was wir hören, behalten wir beispielsweise nur 20 Prozent! Das ist extrem wenig, wenn wir bedenken, dass wir am Telefon auf das Gehörte angewiesen sind. Zum Vergleich: Von dem, was wir mit eigenen Augen sehen, behalten wir immerhin schon 30 Prozent. Sobald wir jedoch etwas sehen *und* hören, bleiben 50 Prozent hängen. Bringen Sie Ihren Kunden dazu, eine Information zu wiederholen, geht am wenigsten von ihr verloren. Von dem, was wir selber sagen, behalten wir Menschen immerhin stolze 70 Prozent.

Nach diesen etwas theoretischen Ausführungen über das Wesen der Kommunikation möchte ich jetzt noch einmal auf die enorme Wichtigkeit der Beziehungsebene für alle Gesprächssituationen zurückkommen.

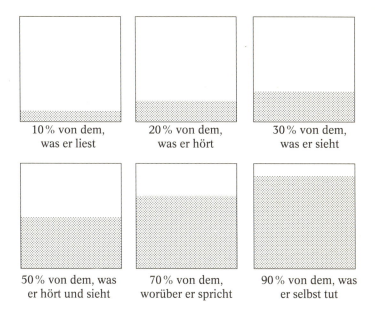

10% von dem, was er liest

20% von dem, was er hört

30% von dem, was er sieht

50% von dem, was er hört und sieht

70% von dem, worüber er spricht

90% von dem, was er selbst tut

Der Eisberg: Gefühle spielen beim Kauf die Hauptrolle

Die meisten von uns sind am Telefon, im Job oder bei Geschäftsterminen eher reserviert. Sie arbeiten mit anderen Menschen hauptsächlich auf der Sachebene zusammen und vernachlässigen die Beziehungsebene. Das ist unklug, besonders wenn man bedenkt – und ich kann das gar nicht oft genug betonen – dass sämtliche Entscheidungen mit dem Gefühl getroffen und mit dem Verstand begründet werden!

Ob auf einer Party oder einem Betriebsausflug: Sicher haben Sie schon etliche Male erstaunt zugesehen, wie sich im privaten Rahmen Ihr eher zurückhaltender Geschäftspartner oder Arbeitskollege plötzlich in einen anderen Menschen zu verwandeln scheint. Auf einmal wirkt er lustiger, sinnlicher oder lockerer als im Berufsalltag. Dann sagen wir verwundert: „So kenne ich Dich/Sie ja gar nicht..." oder „Ich wusste gar nicht, dass Du so viel Humor hast!" Das ist natürlich ein Irrtum, der Mensch ist der gleiche geblieben. Im Berufs-

2. Grundlagen der Kommunikation

alltag nehmen wir die Gefühlsebene unserer Gesprächspartner lediglich zu wenig wahr. Indem wir die Beziehungsebene vernachlässigen, verschenken wir jedoch die eine oder andere Erfolgschance.

Um Ihnen genauer vor Augen zu führen, welche wichtige Rolle die Beziehungsebene in jeder Kommunikation spielt, möchte ich mit Ihnen einen kurzen Ausflug in die Verkaufspsychologie unternehmen. Ich habe ja bereits erwähnt, dass wir Menschen uns weniger aus Qualitätsgründen oder aufgrund eines außerordentlichen Leistungsprofils für ein Produkt oder eine Dienstleistung entscheiden. Kaufentscheidungen erfolgen aufgrund emotionaler Motive, also „aus dem Bauch heraus".

> Sachliche Argumentationen (etwa das Betonen von Vorzügen wie Preis, Leistungen, Funktion, etc.) haben auf Kaufentscheidungen nur zu 10–20 Prozent Einfluss! Uns Menschen ist es wesentlich wichtiger, richtig behandelt und auf der Beziehungsebene zufrieden gestellt zu werden!

Der „Seelenkenner" und Wiener Nervenarzt Sigmund Freud hat für dieses Phänomen einen sehr anschaulichen Vergleich gefunden: Den Eisberg. Auch er liegt zu etwa 90 Prozent unter Wasser, bleibt also im Wesentlichen verborgen. Rationale Vorüberlegungen und sachliche Argumente sind mit der Spitze dieses Eisbergs vergleichbar. Unter der Wasseroberfläche – jenseits der Ratio also – üben aber gigantische Kräfte Einfluss auf die zu treffende Entscheidung.

Eine Kaufentscheidung besteht aus mehreren Schritten: Die meisten Menschen fragen sich zunächst, welche Funktion das betreffende Produkt erfüllen soll, das sie kaufen wollen (etwa: „Ich brauche ein Mobiltelefon, weil ich oft unterwegs bin und keine Anrufe verpassen will."). Nachdem geklärt ist, was von einem Produkt oder einer Dienstleistung erwartet wird (hier: erreichbar zu sein), folgen Gedanken darüber, wieviel Geld man ausgeben möchte. Damit sind die rationalen Vorüberlegungen aber auch schon abgeschlossen.

Jetzt kommt die Phase, in der sich nach dem Produkt oder der betreffenden Dienstleistung umgesehen wird und verschiedene Anbieter verglichen werden. Sie ist bereits stark vom Gefühl und weniger von rationalen Kaufmotiven geprägt. Dabei sollten Sie sich folgendes merken:

Der Eisberg: Gefühle spielen beim Kauf die Hauptrolle

Der Eisberg

Das fundamentalste Kaufmotiv ist unser Sicherheitsbedürfnis.

Gerade wir Deutschen sind Weltmeister im „Versichern" – der Begriff Sicherheit steckt hier schon im Wort. Wenn wir ein Produkt oder eine Dienstleistung kaufen, spielt in der Regel unser Sicherheitsbedürfnis, das Gefühl, „gut aufgehoben" zu sein, die Hauptrolle. Verhält sich ein Dienstleister freundlich und kundenorientiert? Versucht er, auf meine Wünsche und Bedürfnisse einzugehen? In dieser Phase spielen auch vorhandene (Vor-) Urteile eine große Rolle. Viele Produkte werden einerseits wegen ihrer Funktionalität, andererseits jedoch wegen ihres Aussehens beziehungsweise ihres Designs gekauft. Doch über Geschmack und Stil läßt sich endlos streiten – beides fällt wiederum in die Kategorie „reine Gefühlssache".

2. Grundlagen der Kommunikation

Aus diesen Gründen ist es also unerlässlich, die Beziehung zu Ihrem Gesprächspartner, Ihrem Kunden, positiv zu gestalten. Nur so kommen Sie mit den „unbewussten" Anteilen seiner Persönlichkeit in Berührung. Ist die Beziehung bereits positiv, können Sie diese Ebene verstärken. Ist sie angeknackst, sollten Sie herausfinden, was vorgefallen ist. Wie können Sie einen aufgebrachten Kunden zu einem zufriedenen Kunden machen? Wie können Sie einen unsicheren Kunden sicher machen? Wie können Sie einen potentiellen Kunden als Kunden gewinnen? Sie werden in meinem Handbuch noch einige Antworten auf diese Fragen bekommen und bewährte Methoden erlernen, die Beziehungsebene auszubauen.

> Die Beziehungsebene wirkt unterschwellig und beeinflusst die Kommunikation. Ist sie gestört, gelingt der Austausch von Sachinformationen nicht mehr. Eine positive Beziehungsebene schafft dagegen ein harmonisches, effizientes Gesprächsklima.

Sie können eine gute Beziehungsebene schaffen, in dem Sie die Realität des Kunden verstehen und sich in ihn hinein fühlen (Welches Anliegen hat er? Welche Bedürfnisse? Welche Ängste?). Erst wenn Sie wissen, wie er „tickt", sind Sie auch in der Lage, gezielt auf ihn einzugehen: Der Weg ist frei für eine tragfähige Beziehungsebene.

Jedes Wort, jede Information die wir hören, wird vom Gehirn aufgenommen und dort weiter bearbeitet. Deswegen ist es auch für den Beziehungsaspekt zunächst von Vorteil, ein paar Details über die Funktionsweise des Gehirns zu wissen. Keine Angst, ich will Sie an dieser Stelle nicht mit Fachterminologie erschlagen, ich möchte Ihnen lediglich eine kleine „Bedienungsanleitung" für den „menschlichen Biocomputer" geben, damit Sie ihn zu Ihrem Vorteil effektiver nutzen können.

Gehirnleistungen, oder: Wie schnell, denken Sie, können Sie denken?

Unser Gehirn ist eine geheimnisvolle Mikrowelt mit ganz eigenen Gesetzen. Sekündlich leistet es Schwerstarbeit und vollbringt spielend leicht Spitzenleistungen, von denen Sportler nur zu träumen wagen. Mit einer Geschwindigkeit von 360 km/h breiten sich Signale im Gehirn aus und werden dort in Informationen und Gedanken umgewandelt. Das ist weit schneller als ein ICE! Das Gehirn ist das wichtigste Schalt- und Steuerungszentrum des Körpers. 500 Billionen Synapsen (Schaltstellen zwischen den Nervenfortsetzungen) regeln dort den gesamten Informationsverkehr und kanalisieren alle Reize, die auf uns einstürmen. Dank ihrer Hilfe können wir einigermaßen geordnet denken, erkennen, lernen, erinnern. Das Gehirn vollbringt aber noch weitere Spitzenleistungen: Es speichert wie ein Supercomputer alle Töne, Bilder, Stimmungen, Anspannungen usw. ab.

Das Großhirn selbst ist in zwei Hälften angelegt, die sich, rein äußerlich betrachtet, zwar wie Zwillinge ähneln, in ihrer Arbeitsweise jedoch wie Tag und Nacht unterscheiden: Die linke Gehirn-Hälfte ist ein Profi für die Bereiche Ordnung, Analyse, Logik, Administration. Die rechte Hirnhälfte hat sich auf Bilder und Analogien (Vergleiche wie etwa: „Das ist so groß wie...") spezialisiert. Hier sind Phantasie, Intuition und Gefühl zu Hause.

Genau wie in der Datenübermittlung können wir also auch bei den Vorgängen im Gehirn von digitaler Informationsverarbeitung (links) und analoger Informationsverarbeitung (rechts) sprechen.

Informationsverarbeitung im menschlichen Gehirn

2. Grundlagen der Kommunikation

Digitale Informationen begreift jedoch nur, wer auch gelernt hat, sie zu übersetzen! **Ein Beispiel:** Sage ich die Zahl Fünf, ist das zunächst abstrakt. Halte ich jedoch unterstützend fünf Finger einer Hand hoch, wird dem Gegenüber Menge oder Zahl zusätzlich bildlich vor Augen geführt. Das funktioniert leider beim Telefonieren nicht, da Ihr Gegenüber Sie ja nicht sehen kann. Sie stehen also vor der Herausforderung, abstrakte Dinge mit Vergleichen oder Sprachbildern zu verdeutlichen und zu „untermalen". In diesem Fall könnten Sie sagen: „Der Tisch besteht aus fünf Elementen, gerade mal so viele, wie Sie Finger an einer Hand haben."

Vermeiden Sie, lediglich mit der linken Hirnhälfte Ihres Telefonpartners zu kommunizieren und diese mit Zahlen, Daten und Fakten zu füttern. Sie nutzen dann nur 50 Prozent der vorhandenen Kapazität seines Gehirns! Hinzu kommt: Viele Menschen können sich gerade am Telefon abstrakte Informationen schlecht merken. Versuchen Sie also immer, Zahlen, Fakten oder Daten zu „verlebendigen", indem Sie Bezüge oder Analogien aus dem alltäglichen Leben hinzufügen: Dieser Rasenmäher ist nicht tot zu kriegen, der funktioniert ein Leben lang, oder: Das Material ist hart wie Stahl, oder: In diesem Bett werden Sie schlafen, wie auf Wolke Sieben, oder: In der Türkei ist es jetzt so warm wie in Ihrer Badewanne ...

Nach Dr. Davis Lewis, Telefonpsychologe an der englischen Universität Sussex, ist es nicht egal, mit welchem Ohr wir anderen am Telefon zuhören. Wollen Sie sensible, gefühlsbetonte und emotionale Gespräche führen, ist es sinnvoll, den Hörer an das linke Ohr zu halten. Die Empfänglichkeit für gefühlsbetonte Angelegenheiten ist dort um einiges höher als rechts. Warum? Das linke Ohr ist mit der rechten Gehirnhälfte verbunden, in der sich die eher emotionalen Vorgänge abspielen. Planen Sie am Telefon jedoch ein Gespräch mit Zahlen, Fakten oder eine nüchterne Analyse, ist das rechte Ohr der richtige „Ansprech- und Zuhörpartner". Verbunden mit der linken Gehirnhälfte kann es wirksamer Logisches und Rationales aufnehmen. Vereinfacht könnte man sagen:

Mit dem linken Ohr „fühlen" wir, mit dem rechten Ohr „denken" wir.

Lassen Sie uns im nächsten Kapitel nun noch ein weiteres, sehr wichtiges Werkzeug der Kommunikation betrachten: Die sinnliche Wahrnehmung. Sie wird Ihnen helfen, Ihre Kunden besser einzuschätzen und kennenzulernen.

Die drei wichtigsten Sinneskanäle:
Die auditive, visuelle und kinästhetische Wahrnehmung

Wir Menschen besitzen den Reichtum von fünf verschiedenen Sinnessystemen: Wir sehen, hören, fühlen, riechen und schmecken. Nun sind Sie am Telefon natürlich wesentlicher Kommunikationsmöglichkeiten beraubt, da Sie Ihr Gegenüber nicht sehen können. Geruchssinn, Tastsinn und Geschmackssinn fallen ebenfalls weg. Doch selbstverständlich bleibt das *Hören* – eine Einschränkung, die auch große Chancen beinhaltet, wie wir später sehen werden.

Jeder Mensch hat im Laufe seiner persönlichen Entwicklung Präferenzen für ein bestimmtes Sinnessystem entwickelt. Ich möchte Ihnen die drei klassischen Haupttypen und ihre Wahrnehmungssysteme vorstellen. Es gibt den...

- visuellen Typ (mit der Präferenz: sehen)
- auditiven Typ (mit der Präferenz: hören)
- kinästhetischen Typ (mit der Präferenz: fühlen)

Wenn Sie aufmerksam zuhören, können Sie am Telefon besonders gut erkennen, mit welchem der drei Wahrnehmungstypen Sie es zu tun haben, das heißt: mit welchem speziellen Sinnessystem Ihr Gesprächspartner die Welt hauptsächlich wahrnimmt. Er wählt nämlich unbewusst ganz bestimmte Worte für das, was er fühlt und erlebt und *wie* er es erlebt! Äußert beispielsweise ein eher visuell geprägter Mensch Zweifel, wird er Formulierungen benutzen wie: „Das müssen wir aber noch in ganz anderem Licht betrachten!"

Den bevorzugten Sinneskanal des Gesprächspartners zu erkennen, ist sehr wichtig – und für das erfolgreiche Telefonmarketing geradezu eine kleine Geheimwaffe. Mehr noch: Genaue Sprachbeobachtungen können über Erfolg und Misserfolg bei Verhandlungen entscheiden. Finden Sie heraus, mit welchem Sinneskanal Ihr

2. Grundlagen der Kommunikation

Kunde hauptsächlich die Welt erfährt, dann wissen Sie auch, wie er Ihre Aussagen und Botschaften verarbeitet!

Hilfreich hierfür ist das sogenannte NLP. NLP ist die Abkürzung für Neuro-Linguistisches Programmieren (aus dem Amerikanischen: Neuro = Gehirn, Linguistic = Sprache, Programming = Lernen). NLP ist ein komplexes System. Es erklärt, wie unsere Sinneseindrücke unsere sprachliche Kommunikation formen, und auf welche Art unser Bild von der Welt, von uns selbst und von anderen entsteht.

Der Hamburger NLP-Trainer Thomas Rückerl hat sich mit den unterschiedlichen Wahrnehmungstypen und ihrer ganz eigenen Sprache genauer befasst und diese detailliert beschrieben. Die auf seinen Erkenntnissen und den Forschungen vieler weiterer NLP-Lehrer fußende Einteilung, die ich Ihnen nachfolgend darlegen möchte, ist als theoretische Typisierung zu verstehen. Wir Menschen verkörpern kaum jemals einen „Typus" in Reinform, die meisten von uns sind in der Realität Mischformen aus allen drei Wahrnehmungstypen. Versuchen Sie doch einmal herauszufinden, welchem Typ Sie am nächsten kommen!

Der Visuelle Typ...

... spricht oft sehr bildhaft. Personen mit visueller Präferenz unterstreichen ihre Aussagen gern mit bunten Bildern, da sie ihre Welt hauptsächlich durch Farbe, Struktur, Raum und Bewegungen erfassen. Diese Erfahrungen finden sich im ganz speziellen Wortgebrauch dieser Menschen wieder.

Man erkennt den visuellen Typ an Formulierungen wie...

Ich sehe kein Land.
Es fällt mir wie Schuppen von den Augen.
Da ist ein Silberstreif am Horizont.
Ich blicke da nicht durch.
Der Berg Arbeit ist unüberschaubar.
Das ist eine völlig durchsichtige Argumentation.
Ich sehe, was Sie meinen.
Wer verliebt ist, sieht die Welt durch eine rosarote Brille.
Das sind ja schöne Aussichten.

Die drei wichtigsten Sinneskanäle

Können Sie mir bitte noch mehr Perspektiven aufzeigen?
Das bringt Sonnenschein in unser Leben.
Schauen Sie bitte mal genau nach.

Tipp: Und nun versuchen Sie einmal, eigene Beispielsätze zu finden.

Ein visueller Mensch braucht meistens viele Worte, um die ganze Farbigkeit seiner inneren Bilder zu beschreiben. Oft redet er schnell, tendenziell in höheren Tonlagen. Beruflich sind visuelle Typen oft Künstler, Werber, Grafiker, Friseure, Modedesigner...eben Menschen, die viel Wert auf Äußeres, also Sichtbares, dafür aber umso weniger auf Hörbares legen – hier gilt besonders: Sprechen Sie in Bildern!

Trifft nun ein visueller Typ auf einen auditiven, sind Missverständnisse an der Tagesordnung. Zumindest so lange, bis beide lernen, sich auf die vom anderen bevorzugte Wahrnehmung der Welt einzustellen und die Sprache des anderen zu sprechen.

Der Auditive Typ...

...nimmt die Welt bevorzugt über das Ohr wahr, also über Sprache, Geräusche und Töne und ist damit der ideale Telefon-Gesprächspartner. Er hat weniger Sinn für Form und Farbe, dafür aber ein exzellentes Gedächtnis für Fakten, Daten und Namen. Darüber hinaus verfügt er über ein feinsinniges Abstraktionsvermögen. Er ist eher intellektuell und kann die kompliziertesten Sachverhalte innerhalb kürzester Zeit verstehen und wiedergeben. Fachsimpeleien – auch über Sprache – machen mit ihm Spaß!

Man erkennt den auditiven Typ an Formulierungen wie...

Reden Sie bitte nicht in diesem Tonfall mit mir!
Ich hör wohl nicht recht!
Das ist ja ohrenbetäubend laut.
Ich kann die Stille nicht ertragen.
Das klingt ja vielsagend.
Das ist unerhört.
Die innere Stimme sagt mir.
Sie werden von mir hören.

23

2. Grundlagen der Kommunikation

Bei Ihnen piept's wohl.
Es ist sehr hellhörig hier.
Wir hatten wieder Krach.
Der Hund gehorcht mir aufs Wort.

Tipp: Versuchen Sie auch hier, eigene Beispielsätze zu finden.

Ein auditiver Mensch ist ein anspruchsvoller Zeitgenosse. Er besitzt einen großen Wortschatz, geht mit Sprache präzise um, ist kreativ bis spitzfindig in der Wortwahl. Beruflich ist er oft Anwalt, Techniker, Pressesprecher, Politiker, Dichter, Journalist. Er kann äußerst strukturiert denken und hat für Optisches (z. B. teure Kleidung oder Design) kein übergroßes Faible. Doch wenn er auf den folgenden Typus, den Kinästhetiker, trifft, sind Streit oder Missverständnisse nicht ausgeschlossen.

Der Kinästhetische Typ...

...nimmt die Welt hauptsächlich über das Fühlen wahr. Sein Körper ist das Tor, mit dem er Kontakt zur Umwelt aufnimmt. Vergleicht man ihn mit dem auditiven Typ, könnte man ihn etwas taub nennen, vergleicht man ihn mit dem visuellen Typ, scheint er in Maßen blind – dafür empfindet er jedoch genau, was in seinem Körper vor sich geht. Und wie die zwischenmenschliche Atmosphäre zwischen ihm und anderen Menschen beschaffen ist, erspürt er ebenfalls sehr genau. Er nimmt sowohl eigene körperliche Vorgänge stark wahr, als auch emotionale Zustände wie Wut, Trauer, Freude, Angst etc.

Der kinästhetische Typ bevorzugt Formulierungen wie...

Ich fühle mich unter Druck.
Der Typ macht mir die Hölle heiß.
Mir wird ganz eng ums Herz.
Die Beine werden weich.
Reiß dich mal zusammen!
Das belastet mich.
Da hüpft mir das Herz.
Mit gefriert das Blut in den Adern.

Das ist doch nicht tragfähig.
Eine schwere Aufgabe!
Lass dich mal fallen, lass los.
Das ist die leichteste Übung.
Haben Sie bitte etwas mehr Feingefühl.
Das hat jetzt Hand und Fuß für mich.
Ich bin heute morgen bedrückt.

Tipp: Versuchen Sie erneut, eigene Beispielsätze zu finden.

Da der kinästhetische Typ eher in körperlichen Kategorien „denkt", kann man ihn nicht gerade zu den charmanten, sprühenden Feingeistern rechnen. Dafür ist er herzlich und bodenständig. Seine Stimme klingt tendenziell tief, und er spricht eher langsam. Dem auditiven Typ ist er vielleicht nicht redegewandt genug, dem visuellen zu behäbig und nicht schick genug. Kinästhetiker finden Sie unter Handwerkern, Sportlern, Chefs, Lehrern, Lastwagenfahrern...

Einfühlung ist das A und O

Ich möchte noch einmal wiederholen: Möchten Sie jemanden erreichen oder von etwas überzeugen, müssen Sie den Empfänger Ihrer Botschaft zunächst genauer „kennenlernen". Das bevorzugte System, mit dem er die Welt wahrnimmt und sich in ihr bewegt, ist hierfür ein entscheidender Baustein. Jeder Mensch erlebt den Alltag oder Gesprächssituationen auf unterschiedliche Weise und hat seine ganz individuelle Art, durch das Leben zu finden. Doch Vorsicht: Keine Interpretation der „Wirklichkeit" ist die bessere oder schlechtere. Handelt es sich um einen guten Geschäftspartner, mit dem Sie regelmäßig zu tun haben, nutzen Sie die Chance, die sich Ihnen durch den häufigen Telefonkontakt eröffnet: Sensibilisieren Sie sich für die Innenwelt Ihres Gesprächspartners. Erkennen Sie seine Sprachvorlieben.

Betrachten wir die Welt mit den Augen unseres Gesprächspartners, besitzen wir bald die Fähigkeit, ihn wirklich zu verstehen. Wie wir gesehen haben, verrät die Wortwahl Ihres Telefonpartners sehr

2. Grundlagen der Kommunikation

genau, wie er Botschaften am liebsten aufnimmt und Informationen verarbeitet. Es ist dann an Ihnen, *Ihre* Botschaften „richtig zu verpacken" und Ihren Sprachgebrauch auf den Partner einzustellen. Ihr Vorteil dabei: Wenn Sie „auf dem gleichen Kanal funken", fällt es leichter, jemanden positiv einzustimmen, ein Produkt zu verkaufen und letztlich für echte Kundenzufriedenheit zu sorgen.

Informationsverarbeitung am Telefon:
Die Bedeutung des auditiven Kanals

Alle verbale Information passiert zunächst das Ohr. Das Ohr spielt beim Telefonieren also eindeutig die Hauptrolle. Da wir am Telefon keine Möglichkeit haben, das Gesagte auch visuell darzustellen – beispielsweise durch Bilder oder Grafiken – wächst die Bedeutung des auditiven Kanals. Er ist am Telefon der einzig wirklich aktive Sinn. Weil Sie nicht gesehen werden und auch Ihr Gegenüber Sie nicht sehen kann, können Sie sich voll auf diesen Sinn konzentrieren.

Ein Bild sagt mehr als tausend Worte

Gerade weil wir am Telefon unseren Gesprächspartner lediglich hören und nur über Sprache erreichen können, ist es von großer Bedeutung Sprachbilder zu entwickeln. Sie erinnern sich: Wenn Sie in Analogien und Bildern sprechen, fordern Sie damit die rechte Gehirnhälfte Ihres Telefonpartners zur Arbeit auf. Sie nutzen also – neben der Hirnhälfte, die Sachliches verarbeitet – die anderen 50 Prozent seiner Denkkapazität.

Viele Menschen denken in Bildern.
Um sie zu erreichen, achten Sie auf eine bildhafte, bunte Sprache.

„Bilder-reich" zu sprechen wirkt nicht nur lebendiger, es fordert den Gesprächspartner auch heraus, neben der reinen Informationsaufnahme selbst aktiv zu werden, Ihre Bilder nachzuvollziehen oder eigene Bilder zu entwickeln. Das Resultat: Die Kreativität des Zuhörers wird gefordert, er „denkt mit", bleibt also bei der Sache. Doch Vorsicht: Jede Analogie ist nur so gut, wie sie auch in die Bilderwelt Ihres Zuhörers passt. Versteht er Ihren Vergleich nicht, läuft selbst das fantasievollste Bild ins Leere. Beispiel: Sie vergleichen die Qualität einer Küchenmaschine mit der Motorleistung eines Lamborghinis. Interessiert sich Ihr Kunde oder Ihre Kundin überhaupt nicht für Sportwagen, wird er oder sie durch diese Analogie eher verschreckt werden und Sie im schlimmsten Fall überhaupt nicht verstehen. Handelt es sich hingegen um einen Fan italienischer Nobelkarossen, fühlt sich dieser Kunde durch den Vergleich vielleicht bestätigt und eventuell sogar geehrt, da Sie ihm zutrauen, die Motorleistung eines Lamborghinis genau einzuschätzen…

Schlüpfen Sie in die Haut Ihres Gesprächspartners, dann sehen Sie die Welt mit seinen Augen.
Finden Sie heraus, in welchen Bildern Ihr Zuhörer denkt. Für welche Themen hat er welches Bild abgespeichert?

Es kommt nicht von ungefähr, dass die großen Gelehrten, Philosophen und Dichter unserer Vergangenheit (von Buddha und Jesus über Plato und Ovid zu Shakespeare etc.) in blumigsten Gleichnissen sprachen. Auch sie „malten" ihre Geschichten mit Bildern aus, damit jeder sie verstand – und damit sie möglichst viele Menschen beeindrucken konnten!

Als besonders hilfreich haben sich Sprichwörter, Redensarten oder auch sogenannte Volksweisheiten entpuppt. Auf einen skeptischen Einwand eines Kunden könnten Sie beispielsweise antworten: „Natürlich verstehe ich, dass Sie dieses Produkt erst sehen wollen, schließlich will keiner die Katze im Sack kaufen." Sie werden es nicht erleben, dass Ihr Telefonpartner daraufhin nachhakt: „Was meinen Sie denn mit: Die Katze im Sack kaufen?" Redensarten, aber auch viele Sprichwörter benutzen Bilder und Klischees, die jedem Menschen eines jeweiligen Kulturkreis verständlich sind. Sie verkürzen und vereinfachen Sachverhalte, die Sie ansonsten sehr kompliziert darstellen müssten.

2. Grundlagen der Kommunikation

Beispiele für Redensarten und bildhaftes Sprechen:

Alles auf eine Karte setzen.
Farbe bekennen.
Das sollten wir auf Herz und Nieren prüfen.
Das ist nur ein Tropfen auf dem heißen Stein.
Ich würde gern wissen, wo der Schuh drückt.
Das hängt am seidenen Faden.
Das geht weg wie warme Semmeln.
Das ist mir ein Dorn im Auge.
Bei der Stange bleiben.
Lassen wir uns nicht die Butter vom Brot nehmen.
Man soll nicht auf Sand bauen.

3. Telefonieren kann jeder –
Professionelles Verhalten am Telefon

Aufgrund der vorangestellten Überlegungen ist Ihnen mit Sicherheit schon klar geworden, wie wichtig es ist, sich am Telefon professionell zu verhalten. Ein Telefonat mit einem Kunden ist nicht gleichzusetzen mit einem privaten Gespräch, bei dem es jedem freigestellt ist, wie er sich meldet, ob er beim Telefonieren raucht, auf dem Sofa liegt, Handstand macht oder sonst etwas Verrücktes anstellt. Sinnvoller und professioneller ist, sich auf geschäftliche Telefonate gründlich vorzubereiten. Politiker und Manager gehen auch nicht ohne genauen Plan in eine wichtige Sitzung oder einen Vortrag.

Gesprächsvorbereitung

Legen Sie sich zuerst Ihr Gesprächsziel fest: Nur wenn Sie für sich geklärt haben, was genau das Ziel Ihres Anrufs ist, können Sie den Charme und das Charisma eines souveränen Verhandlungspartners besitzen. Der Gesprächspartner fasst Vertrauen, spürt Ihre Ruhe und Gelassenheit und glaubt Ihren Worten, weil Sie sich nicht verhaspeln, nicht nach Worten ringen oder in Belanglosigkeiten flüchten. Sie werden sehen: Gehen Sie strategisch und systematisch vor, behalten Sie auch während eines schwierigen Telefonats viel eher die Nerven.

Der ideale Ablauf eines Gesprächs – der Vergleich mit dem Bau eines Hauses drängt sich wieder auf – sollte möglichst so aussehen: Nachdenken, planen, das Gespräch entwerfen und anschließend die Ziele in Sprache umsetzen. Wichtig ist, *alle* Aufmerksamkeit ganz auf das Gespräch zu richten. Vergessen Sie alle andere Dinge die Sie ablenken könnten („Ich muss noch XY anrufen!", „Ich brauche noch einen Liter Milch für die Sauce heute abend!", „Na sowas, da draußen auf der Straße geht ja mein alter Klassenkamerad Bernhard!" etc.).

3. Telefonieren kann doch jeder – Professionelles Verhalten am Telefon

Und das sollten Sie vor jedem Geschäftstelefonat vorbereitend tun:

Alle nötigen Unterlagen, Akten etc. griffbereit zurecht legen
Den Gesprächsablauf exakt planen
Alternativen einplanen, Zwischenziele andenken
Stichwortartig das Gesprächsziel fixieren
Dafür sorgen, dass es um Sie herum möglichst ruhig ist
Ein leeres Blatt für Notizen auf dem Schreibtisch bereit halten
Antworten auf eventuelle Einwände notieren

Nur wer in motivierter und kreativer Stimmung ist – und sich vor allem vor Beginn des jeweiligen Telefonats innerlich mit dem Gesprächspartner und dem jeweiligen Thema beschäftigt hat – wird am Ende das Gefühl haben können, ein gutes Telefonat geführt zu haben. Und noch etwas Wesentliches:

Setzen Sie sich aufrecht hin. Man „hört", wie Sie sitzen, glauben Sie mir!

Stellen Sie sich einmal vor, Sie möchten einen Mercedes der S-Klasse verkaufen und liegen währenddessen entspannt in Wollsocken und Jogginganzug auf Ihrem Sofa. Das geht irgendwie nicht? Stimmt. Obwohl wir für unseren Gesprächsteilnehmer unsichtbar sind, senden wir beim Telefonieren ständig unbewusste Signale. Auch die „Sprache" des Körpers übermittelt Ihre Einstellung zum Gesprächspartner und den Dingen, über die Sie reden. Das können Sie an sich selbst am besten nachprüfen. Telefonieren Sie mit Ihrem Vorgesetzten, so sitzen Sie garantiert anders, als wenn Sie mit dem besten Freund oder einer Freundin plaudern. Die Körper- und Sitzhaltung verändert unsere Stimme – und damit zwangsläufig unsere Einstellung und Ausstrahlung. Obwohl das dem Telefonpartner nicht bewusst werden muss – er spürt Ihre präsente, aufrechte Körpersprache.

Die Stimme als Visitenkarte

Das erste, was Ihr Telefonpartner von Ihnen wahrnimmt, ist Ihre Stimme. Sie ist wie Ihre „unsichtbare Visitenkarte". Und damit auch die Visitenkarte Ihres Unternehmens. Während Worte den Verstand erreichen, wirkt Ihre Stimme direkt auf die Gefühlswelt des Gesprächspartners ein. Damit der Kunde von Ihnen einen guten, zuverlässigen und kompetenten Eindruck erhält, ist es notwendig, einige Grundregeln zu beherzigen. Die erste lautet:

Der Ton macht den Erfolg!
Sprechen Sie eher tief und langsam. Das vermittelt Kompetenz und strahlt Ruhe aus. Eine hohe und schnelle Sprechweise wirkt dagegen hektisch und unkontrolliert.

Eine professionelle Stimme kann man trainieren. Dass die Stimme aber immer auch abhängig von der eigenen Sicherheit in einer bestimmten Thematik ist, muss ich Ihnen sicher nicht sagen. Bereiten Sie sich also inhaltlich gut auf Gespräche vor. Versuchen Sie, an sich selbst und Ihren bevorstehenden Erfolg zu glauben. Denn: Glaubt man Ihnen, glaubt man auch der Sache!

Sieben goldenen Regeln für eine lebendige Rhetorik

1. Nicht so langweilig bitte! Die richtige Sprechweise

Wird allzu monoton gesprochen, ermüdet das Ihren Gesprächspartner und hinterlässt den Eindruck, Sie seien an dem gemeinsamen Gespräch nicht wirklich interessiert. Wichtig ist, dass sie in Intervallen sprechen: Legen Sie nach wichtigen Informationen (z. B. Zahlen, Fakten) kurze rhetorische Pausen ein. Das Heben und Senken der Stimme lässt eine Sprachmelodie entstehen und macht das Zuhören interessanter. Ihre Stimme klingt selbstbewusster und strahlt mehr Kompetenz aus.

2. Erzählen Sie keine Romane! Die richtige Satzlänge

Vermeiden Sie zu lange Sätze. Allgemein gilt: nicht mehr als 5–7 Sätze, dann sollte eine Rückfrage kommen. Jeder Gesprächspartner ist nur begrenzt in der Lage, dem anderen am Telefon ungeteilte Aufmerksamkeit zu schenken. Und bedenken Sie: Um Ihre Informationen aufzunehmen, steht nur das Ohr zur Verfügung! Sie kön-

3. Telefonieren kann doch jeder – Professionelles Verhalten am Telefon

nen davon ausgehen, dass Ihr Telefonpartner Ihnen durchschnittlich nur 30–50 Sekunden ununterbrochen zuhören kann. Dann beginnt seine Aufmerksamkeit zu bröckeln. Sicher kennen Sie die Situation: Jemand erzählt Ihnen etwas am Telefon, erzählt und erzählt und erzählt...und Sie beginnen nebenher so langsam darüber nachzudenken, was noch alles auf den Einkaufszettel für heute abend gehört. Oder dass Sie dringend mal Staub wischen müssten. Das sind eindeutige Indizien, dass Ihr Gesprächspartner Ihre Aufnahmefähigkeit deutlich überstrapaziert hat.

3. Sie brauchen keinen Sprint hinzulegen!
Das richtige Sprechtempo

Als Grundregel gilt: Passen Sie Ihr Tempo dem Ihres Gesprächspartners an. Trifft ein Schnellsprecher auf einen Langsamsprecher, ist er oft genervt und bekommt das Gefühl, der andere engagiert sich ja gar nicht richtig! Dabei ist der Langsamsprecher lediglich von Ihrem Redefluss überflutet. Generell gilt: Langsamsprecher verarbeiten Informationen entsprechend langsam. Ihr reduziertes Sprechtempo ist keine Frage mangelnder Intelligenz, sondern, wie gesagt, der Verarbeitung. Halten Sie dennoch an einem „Speedy-Gonzales-Tempo" fest, besteht die Gefahr, dass der Langsamsprecher viele Informationen gar nicht erst mitbekommt. Die Konsequenz: Missverständnisse. Achten Sie also immer darauf, welches Sprechtempo Ihr Gegenüber hat. Und noch etwas: Schnellsprecher erzeugen beim Zuhörer eher Misstrauen als Vertrauen. Sie wirken, als wollten sie etwas verbergen, oder als würden sie mit ihrem Redefluß den Gesprächspartner zu etwas überreden wollen.

4. Ihr Gesprächspartner ist nicht taub! Die richtige Lautstärke

Viele Menschen reden am Telefon zu laut. Doch nichts ist unangenehmer, als wenn der Gesprächsteilnehmer so ohrenbetäubend laut spricht, dass Sie den Hörer zwanzig Zentimeter vom Kopf entfernt halten müssen, um keine Trommelfellprobleme zu bekommen. Die Sprechlautstärke sollte die normale Zimmerlautstärke nicht

überschreiten. Wir haben heutzutage hervorragende Telefonver-
bindungen, die es nicht mehr nötig machen, überlaut zu brüllen.
Versteht Ihr Gesprächspartner Sie einmal schlecht, wird er Ihnen
das schon mitteilen. Sie haben dann immer noch die Möglichkeit,
lauter zu werden. Leises, aber deutliches Sprechen klingt nicht zag-
haft, sondern im Gegenteil überzeugend. Und falls Sie nicht bereits
per Headset und Mikrofon telefonieren, achten Sie bitte auch stets
auf folgendes: Senken Sie die Sprechmuschel Ihres Telefonhörers
nicht etwa bis tief unter das Kinn, wie man es so oft beobachten
kann, sondern sprechen Sie direkt in die Muschel hinein. Dann ist
der „gute Ton" am Telefon garantiert!

5. Ihre Kunden heißen nicht alle Einstein mit Nachnamen!
Die richtige Wortwahl

Die meisten Menschen denken, dass Sie mit Fremdwörtern oder
Fachbezeichnungen Kompetenz ausstrahlen. Das Gegenteil ist der
Fall. Natürlich dürfen Sie wortreich agieren, Dinge mit Worten
„ausmalen" – gerade am Telefon ist das ja Ihr wesentliches Kapital.
Doch nicht jeder versteht komplizierte Fachbegriffe. Hier gilt die
Regel: Einfach sprechen ist besser! Ihr Zuhörer wird sonst nicht nur
„abschalten", sondern sich auch unterlegen fühlen. Vermeiden Sie
allzu spezielle Fach- und Fremdwörter, sie komplizieren unnötig
das Gespräch. Jeder kennt die Situation, dass man ein bestimmtes
Wort nicht verstanden hat, sich jedoch nicht traut, das zuzugeben
(„Sie haben da ein Wort benutzt, das ich nicht kenne…"). Kommen
Sie Ihrem Gesprächspartner also lieber entgegen, als ihn auf Abstand zu bringen. Fachwörter und Fremdwörter sind nur für den
Notfall gut, wenn es wirklich keine andere griffige Umschreibung
gibt.

6. Sie sind nicht im Wachsfigurenkabinett!
Gestikulieren Sie ruhig

Es ist sehr wichtig, sich bewusst zu machen, dass Sie lediglich *gehört* werden. Alle visuellen Mittel wie Augenkontakt, Gestik oder
Mimik können Sie beim Austausch mit Ihrem Gesprächspartner

3. Telefonieren kann doch jeder – Professionelles Verhalten am Telefon

nicht einsetzen, da er sie ja nicht sehen kann! Das bedeutet jedoch keinesfalls, dass ich Sie davon abhalten möchte, ohne Gestik zu telefonieren. Im Gegenteil! Nutzen Sie Ihre Gestik, denn sie unterstützt die Wortfindung. Menschen, die beim Sprechen stark gestikulieren, haben oft eine ausdrucksvolle, interessante Sprache.

7. Seien Sie nicht so unfreundlich! Lächeln kann man hören!

Dass man selbst am Telefon eine „lächelnde" Stimme hören kann, wird Ihnen folgendes kleine Experiment bestätigen: Machen Sie zur Probe einmal ein böses Gesicht und sagen: „Ich liebe es, mit meiner Familie in den Urlaub zu fahren". Wie fühlt sich das an? Anschließend setzen Sie ein Lächeln auf, machen also ein sehr freundliches Gesicht und sagen denselben Satz noch einmal. Jetzt klingt der Satz viel überzeugender, finden Sie nicht? Es ist immer gut, wenn Ihre innere Einstellung mit dem Gesagten und der Mimik übereinstimmt. Zur Verdeutlichung: Es geht nicht darum, dass Sie eine überzogene und gekünstelte Freundlichkeit an den Tag legen sollen. Achten Sie einfach ein wenig mehr auf Ihre persönliche Ausstrahlung und Stimmung. Man könnte sagen: Stimme kommt von Stimmung. Stellen Sie sich die Entgegennahme eines Telefonanrufs so vor: Sie öffnen jemandem die Tür – und treten dann dem Menschen positiv gestimmt entgegen.

Der erste Eindruck zählt

Die Art und Weise *wie* Sie in ein Telefonat einsteigen, bestimmt den gesamten Fortgang des Gesprächs – und sogar den Ausgang: Topp oder Flopp? Sympathisch oder unsympathisch? Bereits nach wenigen Sekunden haben wir bei unserem Gesprächspartner ein Bild hinterlassen. Um das zu verstehen, sollten wir uns in Erinnerung rufen, dass wir nicht nur auf Grund rein sachlicher Inhalte entscheiden, ob wir ein Gespräch als angenehm oder unangenehm empfinden, sondern auf Grund der Beziehung, die zwischen zwei Menschen entsteht. Daher bekommt gerade der Einstieg eine wichtige Funktion. Wie heißt es so schön?

Die Begrüßung bei eingehenden und ausgehenden Gesprächen

> Sie erhalten niemals eine zweite Chance, einen ersten Eindruck zu machen.

Bereits bei der Begrüßung entscheidet sich, ob Sie Ihren Gesprächspartner positiv einstimmen können oder nicht. Sollte er das erste, was er von Ihnen zu hören bekommt, als unangenehm, laut, monoton oder gelangweilt empfinden, haben Sie für den gesamten weiteren Gesprächsverlauf einen negativen Eindruck hinterlassen. Egal, wie freundlich Sie sich anschließend verhalten, es wird Ihnen nicht mehr oder nur noch unter großer Anstrengung gelingen, die Gesprächsatmosphäre in positive Bahnen zu lenken.

Wir Menschen bilden uns sehr schnell eine Meinung über andere – selbst wenn wir jemanden noch nie zuvor gesehen haben. Ganz gleich, welcher Art der Kontakt ist, entscheidend sind die ersten 15 Sekunden! Danach schaltet unser Hirn auf Plus oder Minus, auf sympathisch oder unsympathisch. Das Bild, das wir uns von jemandem machen, ist mit bestimmten „Vorerfahrungen" verbunden: Unbewusst und in Sekundenschnelle fühlen wir uns an ähnliche (vielleicht ähnlich langweilige oder auch ähnlich stimulierende) Situationen aus der Vergangenheit erinnert. Es ist paradox: Obwohl wir unseren Gesprächspartner am Telefon nicht sehen können, machen wir uns ein Bild von ihm. Dabei ergänzen wir fehlende Informationen durch eigene Vorstellungen und Vorurteile und greifen automatisch auf eigene Erfahrungen zurück, die mitunter lange zurück liegen.

Wichtig für uns ist folgende Erkenntnis: Jeder Mensch verhält sich so, wie er von anderen gesehen wird. Zeigen Sie sich Ihrem Gegenüber freundlich, weil Sie ihn sympathisch finden, wird das bei ihm anschließend ein ähnlich offenes und freundliches Verhalten auslösen. Auch wenn folgende Minimal-Forderung für Sie vielleicht lächerlich klingt:

> Achten Sie bei der Begrüßung darauf, dass Ihr Gesprächspartner alle Elemente der Begrüßung klar und deutlich verstehen kann.

Nur so können Sie eine positive Basis schaffen, auf der das Gespräch sich weiter entwickeln wird.

3. Telefonieren kann doch jeder – Professionelles Verhalten am Telefon

Die Begrüßung bei eingehenden und ausgehenden Gesprächen

Allgemein wird zwischen „eingehenden Anrufen" und „ausgehenden Anrufen" unterschieden. Das hat durchaus seine Berechtigung. Sie könnten jetzt einwenden, dass es völlig egal ist, wer anruft, schließlich komme es doch auf die Gesprächsführung und deren Verlauf an! Das ist ein Irrtum: Richtig ist, dass sowohl bei eingehenden als auch bei ausgehenden Gesprächen die Begrüßung zählt. Sie fällt allerdings jeweils unterschiedlich aus, wie wir gleich sehen werden.

Bei eingehenden Anrufen meldet sich der Kunde bei Ihnen. Daher nennen wir diese Art des Telefonierens auch „Reaktives Telefonmarketing" oder „Inbound". Sie nehmen das Gespräch entgegen und müssen sich spontan auf das Anliegen Ihres Kunden einstellen.

Anders verhält es sich bei den sogenannten ausgehenden Anrufen. In diesem Fall gehen Sie aktiv auf einen Gesprächspartner oder potentiellen Kunden zu, daher auch der Begriff „Aktives Telefonmarketing" oder „Outbound". Für diese Art Telefonat können Sie sich natürlich viel besser vorbereiten. Sie haben genügend Zeit, vorher ein Gesprächsziel festzulegen und Ihre Argumentation gedanklich darauf auszurichten.

Guten Tag! Die Begrüßung bei eingehenden Gesprächen

Wenn das Telefon klingelt und Sie den Hörer abnehmen, sollten Sie zunächst „Guten Tag" sagen. Die Begrüßung gibt Ihrem Gesprächspartner die Möglichkeit, sich darauf einzustellen, überhaupt jemanden anzutreffen. Der Anrufer erhält so neben der Begrüßung auch noch weitere wichtige Informationen: Habe ich es mit einem Mann oder einer Frau zu tun? Klingt er oder sie freundlich oder unfreundlich, interessiert oder gelangweilt?

Das zweite Element der Begrüßung besteht aus dem Unternehmensnamen. Zwar wissen die meisten Anrufer, bei welchem Unternehmen sie gerade angerufen haben, dennoch: Ein Firmenname bestätigt ihnen, sich nicht verwählt zu haben (der Anrufer wird denken, „Aha, ich bin richtig").

36

Als drittes, und in diesem Fall wichtigstes Element wird der eigene Name genannt – je nach Geschmack mit Vor- und Zunamen. Sie können die Art, wie Sie sich selbst ins Spiel bringen, individuell gestalten. Beispielsweise so: „Sie sprechen mit..." oder „Mein Name ist...". Den eigenen Namen hinzuzufügen, ist sehr wichtig: Der Anrufer muss sich auf Sie beziehen können, sollte er noch einmal anrufen. Er hat das Recht auf einen festen Ansprechpartner, auf den er, eventuell mit erneuten Fragen, problemlos zurückkommen kann. „Da habe ich mit einer Dame gesprochen," wird er sonst sagen. Und die Antwort erhalten: „Ja, wenn Sie den Namen nicht wissen, kann ich Ihnen leider nicht weiterhelfen." Geben Sie Ihrem Gesprächspartner von vornherein Klarheit, mit wem er es zu tun hat.

Guten Tag! Die Begrüßung bei ausgehenden Gesprächen

Bei den aktiven Anrufen verändert sich die Begrüßung: Wie bei den Inbound-Gesprächen eröffnen Sie das Gespräch mit einem freundlichen „Guten Tag". Doch dann ändert sich die Reihenfolge: Es folgt zuerst der eigene Name und dann der des Unternehmens oder der Abteilung. Der Grund ist simpel: Jeder Mensch kann sich

Eingehende Anrufe (Inbound/Passives Telefonmarketing)

Ausgehende Anrufe (Outbound/Aktives Telefonmarketing)

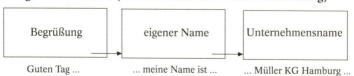

3. Telefonieren kann doch jeder – Professionelles Verhalten am Telefon

viel besser auf einen Unternehmensnamen einstellen als auf einen Privatnamen. Und in diesem Fall rufen Sie ja meistens in erster Linie im Namen der Firma an. Obendrein merken sich Menschen immer das zuletzt Genannte besser; eine wichtige Tatsache, auf die ich später noch einmal zurück kommen werde.

Weitervermittlung an Dritte: Kann ich etwas ausrichten?

Nehmen Sie einen Anruf entgegen und es stellt sich heraus, dass der Anrufer eigentlich jemand anderen sprechen möchte, können Sie sofort „Kundenorientierung" zeigen! Vermeiden Sie Formulierungen wie „Das tut mir leid, Frau Merkle ist nicht da." Oder: „Herr Meyer ist zu Tisch." Oder: „Frau Becker ist heute nicht im Hause, Sie erreichen sie morgen wieder." Solche floskelhaften Formulierungen sollten immer in einem Angebot für den Anrufer münden. Beispiel: „Herr Meyer ist nicht im Hause. Was kann ich denn für Sie tun? Darf ich ihm etwas notieren? Möchten Sie noch einmal anrufen oder soll er Sie zurückrufen?"

Schon in dieser Phase wird deutlich, wie wichtig es ist, den Namen Ihres Gesprächspartners zu kennen. Die Crux: Nicht alle Anrufer sagen, wie sie heißen. Andere sprechen ihren Namen derart undeutlich aus, dass es schwer fällt, ihn überhaupt zu verstehen. Doch...

...der Name ist im Gespräch Aufmerksamkeitsverstärker Nr. 1

Lassen Sie diese Tatsache nicht unberücksichtigt. Scheuen Sie sich nicht, den Namen Ihres Gesprächspartners häufig zu benutzen. Diese Art der persönlichen Ansprache bringt Wertschätzung für Ihr Gegenüber zum Ausdruck – und ist damit das allerbeste Mittel, um eine persönliche Gesprächsebene zu Ihrem Gesprächspartner aufzubauen.

Was also tun, wenn Sie einen Namen nicht richtig verstanden haben? Ganz einfach: Sie haken nach. Gute Fragen sind: „Wie ist Ihr Name?" oder „Entschuldigen Sie, ich habe Sie gerade nicht richtig verstanden. Sagen Sie mir bitte noch einmal Ihren Namen". Natürlich passiert es immer wieder, dass man versäumt hat, den Namen des Anrufers zu notieren. Oder aber er geht im Laufe des Gespräches irgendwie „verloren". Hier ein kleiner Formulierungs-Tipp, um ihn dennoch zu erfahren: „Damit ich mir Ihren Namen noch einmal richtig notieren kann, buchstabieren Sie ihn mir bitte noch einmal?" Mit diesem kleinen Trick binden Sie Ihrem Gesprächspartner nicht auf die Nase, dass Sie seinen Namen vergessen hatten, vielmehr muss er annehmen, Sie wollten ihn bloß korrekt notieren. Bitte fragen Sie nicht: „Wie war noch Ihr Name?" Ihr Gesprächspartner wird schließlich auch nach dem Gespräch noch seinen Namen behalten. Und:

Vermeiden Sie, den Namen eines Kunden falsch auszusprechen. Das gilt als Todsünde!

Kein Mensch hat es gern, wenn sein Name falsch geschrieben oder ausgesprochen wird. Sicherlich kennen Sie die Situation, dass Sie einen Brief aus dem Briefkasten holen und als erstes springt Ihnen ins Auge, dass Ihr Name falsch geschrieben ist. Wird der Name während eines Telefonats falsch ausgesprochen, hat das noch eine wesentlich stärkere Wirkung! Es sorgt dafür, dass der Kunde emotional auf Abstand geht. Den Namen Ihres Gesprächspartners zu nennen *und* ihn richtig auszusprechen, hat sehr viel mit der Wertschätzung zu tun, die Sie ihm entgegen bringen.

Die Kunst, „verbale Bonbons" zu verschenken: Jeder Kunde braucht Streicheleinheiten!

Wie erwähnt, werden sehr viele geschäftliche Gespräche auf der rationalen, also auf der Sachebene geführt. Dabei wird immer wieder vergessen, wie wichtig es ist, dem Kunden Wertschätzung und Anerkennung entgegen zu bringen, kurz: die emotionale „Betroffenheit" des Gesprächspartners mit einzubeziehen. Dabei ist ein kleines Lob eines der schönsten und einfachsten Mittel, jemanden für sich zu gewinnen. Schon kleine, verbale Gesten werten den Gesprächspartner auf: „Schön, dass Sie sich gleich bei uns melden!", „Das ist nett, dass Sie darauf hinweisen!", „Eine gute Frage.". „Sie haben recht, das ist ein wichtiger Punkt!"

3. Telefonieren kann doch jeder – Professionelles Verhalten am Telefon

Viel zu häufig wird unterschätzt, wie motivierend gerade das Entgegenbringen von Wertschätzung sein kann! Nehmen wir ein **Beispiel:** Ein Kunde nennt Ihnen bei einer Reklamation seine Kunden-Nummer, damit Sie schnell an seine Daten in der EDV gelangen können. Schon hier können Sie Sympathie erzeugen, indem Sie sich einfach dafür bedanken, dass der Kunde so aufmerksam war, seine Nummer parat zu halten. Die Möglichkeiten, kleine Telefonstreicheleinheiten zu verteilen, sind schier unerschöpflich! Sie schaffen eine angenehme und freundliche Gesprächsatmosphäre.

> Bringen Sie Ihrem Gesprächspartner Achtung, Respekt und Wertschätzung entgegen.

Jeder Mensch benötigt die Wertschätzung seiner Persönlichkeit in Form von Worten, Gesten und Aufmerksamkeiten. Das Gefühl, in unserem Tun, unseren Gedanken, Ängsten, Zweifeln etc. ernst genommen zu werden, sie anerkannt zu wissen, ist für unser „inneres Überleben" notwendig. Oft genügt schon ein kurzer Blick, ein kleines Lächeln oder einfach ein „Danke", um ein wohliges Gefühl in uns auszulösen, uns beschwingt durch die Gegend gehen zu lassen und das Gefühl zu geben, dass uns andere Menschen wahr- und ernst nehmen. Ähnlich wie uns geht es unseren Kunden am Telefon. Sie möchten – bewusst oder unbewusst – ernst genommen werden, wenn sie Fragen stellen, Zweifel äußern oder wütend eine Reklamation hervorbringen. Genauso möchten sie Anerkennung, wenn sie Ihnen gleich zu Anfang des Telefonates die Kundennummer präsentieren.

Mittels unserer Sprache und unserer Worte haben wir am Telefon nun die Chance, unsere Gesprächspartner in den verschiedensten Situationen wertzuschätzen, ihnen ein „verbales Bonbon" zu schenken. Die Wirkung, das werden Sie bemerken, ist verblüffend: Erstaunlich mühelos lässt sich der Kunde motivieren, besänftigen, anregen beziehungsweise in seiner Meinungsfindung unterstützen. Das Gute: Unser Gesprächsziel rückt damit näher. Mit welchen sprachlichen Mitteln Sie Ihrem Gesprächspartner Respekt entgegenbringen, hängt von Ihrem ganz persönlichen Sprachgebrauch ab. Ihrer Kreativität sind dabei keine Grenzen gesetzt. Wichtig ist, dass Sie sich mit der schönen und sehr effektiven Technik des „verbalen

Bonbons" wirklich identifizieren: Die Anerkennung für Ihren Kunden muss einen ehrlichen Kern haben, alles andere wird schnell als Schmeichelei empfunden. Kunden haben da feine Antennen! Verhalten Sie sich nicht authentisch, kann das Gesprächsklima unter Umständen in eine frostige Atmosphäre umschlagen.

Hier noch ein paar Anregungen für verbale Bonbons:

Schön, dass Sie das sagen!
Danke, das ist gern geschehen.
Eine berechtigte Frage, die Sie stellen.
Dieser Punkt ist in der Tat erklärungsbedürftig.
Das tut mir leid!

Ich glaube, ich habe Sie jetzt für das Thema „Wertschätzung" genügend sensibilisieren können. Aus der Praxis weiß ich allerdings, dass vielen Menschen diese grundpositive Einstellung zu anderen schwerfällt. Daher im nächsten Abschnitt noch einige weiterführende Gedanken.

Was halten Sie von sich und Ihrem Telefonpartner?

Wenn ich Sie jetzt frage, welche Meinung Sie über sich haben, ob Sie sich mögen oder weniger mögen, werden Sie wahrscheinlich einen Augenblick nachdenken müssen – kein Wunder, jedem Menschen fällt eine Selbsteinschätzung schwer. Doch allen Menschen ist gemein, dass sie eine bestimmte Grundeinstellung zu sich haben. Sie bestimmt maßgeblich unser Selbstwertgefühl und wird in der Kindheit, im Umgang mit den Eltern und der Umwelt erworben. Diese Grundeinstellung bestimmt nicht nur unser Lebensgefühl, was wir uns zutrauen oder nicht, sie ist auch verantwortlich dafür, was wir von anderen halten und wie wir ihnen begegnen. Auf das Thema Telefonmarketing bezogen könnte man auch sagen: Sobald wir mit anderen Menschen kommunizieren, beeinflusst die Einschätzung von uns und anderen unser Kommunikations-Verhalten.

Unsere Grundeinstellung bestimmt, ob wir kundenorientiert handeln, an jemanden freundlich herangehen oder eher verschlossen oder gar häufig unfreundlich sind. Das glauben Sie nicht? Sie werden sehen, dass ein positiver, erfolgreicher Kontakt zum Kunden voraussetzt, dass wir ihn schätzen. Das wiederum ist nur dem möglich, der sich selbst auch mag und akzeptiert. Schwierigkeiten, Missverständnisse und Streit treten vor allem dann auf, wenn Menschen der Überzeugung sind, sie seien anderen unter- oder überlegen, sie seien weniger oder mehr wert. Solch eine negativ angehauchte innere Haltung kann sich zum Stolperstein entwickeln und alle guten Absichten, ein erfolgreiches Telefongespräch zu führen, regelrecht torpedieren.

Der amerikanische Psychiater und Psychologe Eric Berne ist der Begründer der sogenannten Transaktionsanalyse (auch TA genannt). Transaktion bezeichnet hier den Informationstransfer, also das Geben und Nehmen zwischen Sender und Empfänger in kommunikativen Prozessen. Berne hat ein äußerst spannendes Persönlichkeits-Modell entwickelt, in dem er im wesentlichen drei „Ich-Zustände" beschreibt: Das sogenannte Kindheits-Ich, das Eltern-Ich und das Erwachsenen-Ich. In Kapitel 2 haben wir ja bereits Bekanntschaft mit dem Kommunikationssystem NLP gemacht. Neben der genauen Wahrnehmung, welches Sinnessystem Ihr Gesprächspartner bevorzugt – ob visuell, auditiv oder kinästhetisch – möchte ich Ihnen mit diesem Modell nun ein weiteres Werkzeug an die Hand geben, das es möglich machen soll, sowohl den Gesprächspartner als auch die eigene Person in Verhandlungen und Telefonaten genauer einschätzen zu lernen.

Hat NLP uns gezeigt, *wie* die Menschen die Welt wahrnehmen, gibt uns die TA konkrete Antworten darauf, *warum* die Menschen sich so und nicht anders verhalten.

Drei in Eins: Die Persönlichkeit

Nach Eric Berne schlummern in allen Erwachsenen die drei verschiedenen „Ich-Zustände" Kindheits-Ich, Eltern-Ich und Erwachsenen-Ich. Man könnte auch sagen, dass jeder Mensch drei Persönlichkeiten in sich trägt: die eines kleinen Kindes, das von Gefühlen beherrscht wird, die der Eltern, die Vorschriften machen und Regeln aufstellen sowie die des vernünftigen, logisch denkenden und realis-

Die drei Persönlichkeitszustände

tischen Erwachsenen. Diese Seins-Zustände sind keine Rollen, sondern „psychische Realitäten", wie Berne es formuliert – und damit veränderbar. Die Bezeichnungen Eltern-, Erwachsenen- und Kindheits-Ich haben also überhaupt nichts mit den geläufigen Begriffen „Eltern" (Mutter und Vater), „Erwachsener" (Volljähriger) und „Kind" (kleiner Mensch) zu tun, sondern sind umfassender gemeint.

Ich möchte, dass Sie den Blick für die typischen Merkmale der drei Ich-Zustände schärfen. Im nächsten Abschnitt wird deutlicher, wie diese drei Aspekte der Persönlichkeit genau aussehen. Sie spielen in Gesprächen eine größere Rolle, als Sie annehmen. Sie bestimmen unsere Äußerungen, unsere Interpretationen des Gesagten, unser Feedback und den Verlauf des Gesprächs. Kurz: den gesamten Ablauf eines jeden Dialogs bzw. Telefonats. Schauen Sie sich in Ihrer Umgebung einmal genauer um, und Sie werden bald beobachten, dass die Menschen im Verlauf von Gesprächen manchmal ihr Verhalten ändern: Mal reagieren sie scheinbar kindlich, witzig, spontan, dann wieder nüchtern und erwachsen. Oder auch wie klassische Eltern, die allerhand Regeln oder Vorschriften parat haben.

Das Kindheits-Ich und seine Sprache

Der Zustand, der sich am frühesten entwickelt, ist das Kindheits-Ich. Es setzt sich zusammen aus Gefühlen wie Kreativität, Neugier, Abenteuerlust, Wissensdrang und der Lust am Berühren und Berührtwerden. Da Kinder in den ersten Monaten noch keine Sprache haben, um auf ihre Umwelt und ihre Eltern zu reagieren, reagieren sie zunächst mit positiven Gefühlen: mit Freude oder Glücklichsein. Ein Kind merkt allerdings auch schnell, dass Eltern nicht nur fürsorglich und lieb sind, sondern auch Grenzen setzen. Die Folge sind negative Gefühle: Wut, Trauer oder Trotz. Alle Kinder lernen, sich den Erwartungen anderer Menschen anzupassen, bzw. eigene Wünsche, Spontaneität, Impulsivität oder Egoismus einzuschränken.

Im Kindheits-Ich sind also positive Gefühle und Erinnerungen (das Jagen nach Schmetterlingen, der Duft eines bestimmten Parfüms…) und negative Gefühle und Erinnerungen (Tadel, Scham, Vorwürfe, weil wir zu spät kommen..) abgespeichert. In Gesprächssituationen, in denen sich ein Telefonpartner kritisiert oder angegriffen fühlt, kann es sein, dass er sich an solche alten Gefühle zurück erinnert: Er reagiert, wie er oder sie es als Kind getan hat. Vielleicht trotzig, wütend oder rebellisch, vielleicht verschreckt, beleidigt oder mit stummem Rückzug. Hier zeigen sich z. B. plötzlich alte Minderwertigkeitsgefühle. Oder er reagiert mit spielerischem Charme, Ideenreichtum und Kreativität: In beiden Fällen haben Sie es mit dem berühmten „Kind im Mann" (oder Frau) zu tun.

Ob sich ein Gesprächsteilnehmer im Kindheits-Ichzustand (K) befindet, erkennen Sie oft daran, wie er spricht: Verhält er oder sie sich spontan, impulsiv, kreativ? Oder vielleicht egoistisch oder rücksichtslos? Lacht oder weint er oder sie gar? Verteidigt der Telefonpartner sein Selbstwertgefühl?

Menschen im Kindheits-Ichzustand sagen häufig:

„Mensch! Toll! Super! Mist! Au wei! Ich bin sauer, wütend...ich mag nicht".
Sie benutzen das Wort „Ich" sehr oft. Dabei ist ihre Stimme hell, laut, frei, energisch, expressiv. Andererseits können sie aber auch unterwürfig klingen, bettelnd, quengelig, weinerlich und leise. Dann sagen sie häufig: „Danke. Bitte. Vielleicht...ich versuche...ich möchte..."
Oder sie klingen trotzig und schmollend und sagen: „Ich denke nicht daran! Sie spinnen wohl! Das lasse ich mir nicht gefallen!"

Das Eltern-Ich und seine Sprache

Ein Kind erfährt nicht nur Fürsorge und Geborgenheit, Schutz, Hilfe und Lob durch seine Eltern, es wird auch gemaßregelt. Unsere Eltern sind, positiv *und* negativ gesehen, in der Kindheit die wichtigste Instanz, die Vorschriften, Regeln, Gebote und Lebensmaximen ausspricht (Du darfst nicht...lass das...mache nie...sage immer die Wahrheit...ein Junge weint nicht...ein braves Mädchen beklaut seine Eltern nicht...rote Krawatten trägt man nicht...). Durch diese abertausend Hinweise, Neins und Lebensregeln werden Kinder langsam geformt und in die Lage versetzt, sich im Leben zurecht zu finden. All diese Vorschriften und Ideen werden in unserem

Eltern-Ich (EI) unauslöschlich abgespeichert. Unsere Eltern, das ist unbestritten, haben einen mächtigen Einfluss auf unser aller Leben.

Sie kennen sicherlich die Situation, in der eine innere Stimme ihnen etwas Fürsorgliches zuflüstert (Ja, ich sollte dem alten Mann dort über die Straße helfen...) oder verbietet (Nein, ich muss zur Arbeit gehen, obwohl ich mich heute so krank fühle, sonst denken die...) oder Vorurteile äußert (Der hat doch selbst schuld, dass er arbeitslos ist...). In diesen inneren Stimmen spiegeln sich in gewissem Maße die Überzeugungen der Eltern wider. Doch nicht nur in den „inneren Stimmen": Je stärker das Eltern-Ich bei einem Menschen ausgeprägt ist, je mehr Regeln also in seinem Kopf gespeichert sind, desto deutlicher wird dies auch seiner Sprache anzumerken sein.

Menschen mit starkem Eltern-Ich benutzen oft Sätze wie:

„Man sollte, müsste, nie, ständig, ... das macht man nicht, das weiß doch jeder ... du mußt immer ... wie konntest du nur... das sagt man nicht." Ihr Tonfall ist oft belehrend, scharf, bestimmt, ungeduldig, herablassend. Oder sie äußern sich fürsorglich: „Hast du dir weh getan? Das kriegen wir schon hin! Was wünscht du dir? Lass uns nicht streiten. Alles wird gut." Die Stimme klingt dann tröstend und liebevoll.

Das Erwachsenen-Ich und seine Sprache

Wenn Kinder etwa 10 Monate alt sind, passiert etwas Wunderbares: Sie werden langsam erwachsen. Hier liegt der Beginn einer Phase, die nie abgeschlossen wird, und „Reifung" bedeutet. Waren sie bis dahin völlig hilflos und bestanden aus dem Kindheits- und dem Eltern-Ich, entwickeln sie jetzt langsam die Fähigkeit, die Realität zu überprüfen, selbstbestimmter zu handeln und sich zu bewegen: Kinder beginnen in diesem Alter zu krabbeln, oder auch schon zu laufen; sie fangen an, die Welt zu erobern. Zeit für das Erwachsenen-Ich (Er), aktiv zu werden: Es hat die Hauptaufgabe, einmal Gehörtes auf seinen Wahrheitsgehalt zu prüfen (Stimmt es, dass ich dort hinunterfalle, wenn ich zu nah an den Abgrund gehe? Stimmt es wirklich, dass das Wetter morgen schlecht wird, wenn ich den

Teller nicht leer esse?) Die ganzen, vielen Regeln und Vorschriften aus dem Eltern-Ich werden nach und nach überprüft. Sind sie anwendbar? Stimmen sie? Sind sie angemessen? Das Erwachsenen-Ich ist analytisch. Es hilft den Menschen, aufgrund von Beobachtungen und Beurteilungen unserer Umwelt, sich „erwachsen" zu verhalten bzw. andere mit der nötigen Distanz zu betrachten. Die Zauberworte heißen: Objektivität und Freiheit.

Einen Menschen mit ausgeprägtem Erwachsenen-Ich erkennen Sie daran, dass er erst einmal Daten und Informationen vergleicht und sie bewertet. Auch bei Meinungsverschiedenheiten behält er einen kühlen Kopf und handelt besonnen.

Menschen mit starkem Erwachsenen-Ich benutzen oft Fragen wie:

„Warum, wo, wann, was, wer, wie? Was sind die Fakten? Wieviel? Auf welche Weise?" Oder sie sagen: „Korrekt, praktisch, wahrscheinlich, das ist möglich, ich finde, ich denke, ich glaube, meiner Meinung nach..." Dabei klingt ihre Stimme ausgeglichen, gleichmäßig, ruhig und gelassen.

Beobachten Sie einmal genauer, aus welchen Ich-Zuständen heraus Ihr Telefonpartner gerade kommuniziert! Das kann gerade bei Konflikten sehr hilfreich sein, denn auf diese Weise lassen Sie sich nicht so einfach in die Stimmungen ihres Telefonpartners „hineinziehen". Gleichzeitig sollten Sie aber auch in sich selbst hinein hören. Welche innere Reaktion löst das Verhalten des Gegenübers in Ihnen aus? Was empfinden Sie, wenn der andere aus dem Kindheits-Ich heraus reagiert? Hilflosigkeit? Fürsorglichkeit? Und was, wenn der Gesprächspartner offensichtlich aus dem Erwachsenen-Ichzustand agiert? Eine entspannte Atmosphäre? Oder angenommen, Sie geraten in eine dieser unangenehmen Gesprächssituationen, in denen Sie sich unter Druck gesetzt und machtlos fühlen oder schlicht „an die Wand geredet" werden. Sind in diesen Fällen bei Ihrem Gesprächspartner vielleicht Kommunikationsmuster aus dem Eltern-Ichzustand erkennbar?

Diese Gedanken führen uns nun zum Thema des Selbstwertgefühls, zu dem ich einige Gedanken äußern möchte.

3. Telefonieren kann doch jeder – Professionelles Verhalten am Telefon

Ich bin o.k., Du bist o.k.:
Psychologischer Hintergrund der vier Lebenseinstellungen

Eric Berne hat für die Grundeinstellungen zur eigenen Person und zu anderen Menschen die Beschreibungen „o.k." und „nicht o.k." eingeführt. Er verdeutlicht damit das fundamentale Lebensgefühl, das wir zu uns und anderen im Laufe unseres Lebens, bedingt durch unsere Erziehung, entwickelt haben. O.k. und nicht o.k. bezeichnet im Wesentlichen den Wert, den wir uns und anderen beimessen. Wie sagt ein Sprichwort so schön? Selbstachtung ist der Ruf, den man von sich selbst hat.

Prüfen Sie einmal, in welcher der vier Lebensanschauungen Sie sich überwiegend wiederfinden:

Man steht allen Mitmenschen wie sich selbst positiv gegenüber:
Ich bin o.k./ Du bist o.k.

Man empfindet den Menschen gegenüber ein Gefühl der Minderwertigkeit:
Ich bin nicht o.k./ Du bist o.k.

Man fühlt sich den Mitmenschen überlegen:
Ich bin o.k./ Du bist nicht o.k.

Man steht den Mitmenschen wie sich selbst negativ gegenüber:
Ich bin nicht o.k./ Du bist nicht o.k.

Im Dialog und im Umgang mit anderen kann sehr deutlich sichtbar werden, welche der vier fundamentalen Grundpositionen Sie und Ihr Telefonpartner einnehmen. Natürlich sind Mischformen und Wechsel zwischen den Positionen möglich, meistens überwiegt aber eine der Grundhaltungen. Ich möchte Ihnen im Folgenden die Merkmale dieser typisierten Lebenseinstellungen noch etwas ausführlicher beschreiben.

Menschen mit der Grundeinstellung: **Ich bin o.k., Du bist o.k.** werden in Telefongesprächen gleichberechtigt und achtungsvoll mit der Person am anderen Ende der Leitung umgehen – und wahrscheinlich gute Erfolge erzielen. Ich bin o.k. heißt nämlich: Ich sage ja zu mir, so wie ich bin. Dabei akzeptiere ich meine Stärken und Schwächen, meine Sonnen- und Schattenseiten, ich habe eine gesunde Selbsteinschätzung von dem, was ich kann und wo ich noch etwas lernen muß. Du bist o.k. bedeutet, ich schätze und achte mein Gegenüber – trotz und wegen seiner Fehler und Schwächen. Dabei nehme ich zwar Unterschiede in Charakter und Temperament sensibel wahr, lasse sie aber stehen. Das heißt, ich nehme andere Menschen an, wie sie sind und will sie nicht nach meinem Willen verändern oder manipulieren. Ich kann die Gefühle meines Gesprächspartners nachvollziehen und dessen eventuellen Ärger (z. B. bei Reklamationen) akzeptieren, ohne mich bedroht zu fühlen. In so einer Haltung anderen gegenüber klingen die großen Worte Achtung, Toleranz, Kompromiss und Respekt mit. In der Überzeugung „ich bin o.k./Du bist o.k." steckt das Geheimrezept: Wir sind gleich starke Partner. Keiner besser, keiner schlechter. Beide Gewinner. Und wenn wir verlieren, ist das auch kein Drama. Der nächste Sieg wird nicht lange auf sich warten lassen.

Menschen mit der Grundposition: **Ich bin nicht o.k., Du bist o.k.**, wird es dagegen schwerer fallen, in Telefonaten ein gewünschtes Ziel zu erreichen. Ich bin nicht o.k. heißt: Ich fühle mich dir unterlegen, mein Selbstwertgefühl ist geschwächt. Im Vergleich mit dir bin ich weniger intelligent, erfolgreich, wortgewandt, attraktiv ... Meine eigene Position ist so schwach, dass ich lieber „Ja" sage, selbst wenn ich eigentlich „Nein" meine. Konflikte sind ein rotes Tuch, da ich fürchte, immer und alles zu verlieren. Vor allem Zuwendung, Lob, Liebe, Anerkennung. Anstatt eine Auseinandersetzung zu wagen, oder für eigene Wünsche und Ziele einzutreten, gebe ich lieber klein bei. Menschen mit dieser Haltung stellen ihr Licht unter den Scheffel, sie setzen sich häufig nicht zur Wehr, stattdessen überlassen sie anderen viel Initiative und Kreativität. Du bist o.k. heißt in diesem Fall: Du bist im Vergleich zu mir größer und mächtiger. Deswegen höre ich auf das, was du vorschlägst, ich billige deine Entscheidungen, auch wenn ich mich dafür anpassen muss. Diese innere Einstellung hat jedoch nichts mit einem gesunden Maß an Kooperation zu tun, die für jedes Zusammenarbeiten und Zusammenleben nötig ist. Sie entsteht durch eine fehlende Balance zwischen der betroffenen Person und ihrem Gesprächspartner und kann bei Verhandlungen für beide zum Nachteil geraten. Für Menschen mit dieser Einstellung bedeutet das: Erfolgreiche Geschäftsabschlüsse sind selten, da sie sich mit ihren Wünschen und Bedürfnissen nur schwer durchsetzen können. Auf lange Sicht wird ihr Verhandlungspartner sie nicht ernst nehmen, respektvoll behandeln und wertschätzen – da sie selbst es auch nicht tun.

Ähnlich verhält es sich mit der Position: **Ich bin o.k., Du bist nicht o.k.** Dies ist eine Überzeugung, mit der Gespräche ebenso leicht aus der Bahn laufen können. Sie resultiert aus einem unrealistischen Gefühl von Macht und Überlegenheit. Menschen mit einem entsprechenden Überlegenheitsgefühl

3. Telefonieren kann doch jeder – Professionelles Verhalten am Telefon

haben in Wahrheit ein schlechtes Selbstwertgefühl, sie überdecken mit dieser Haltung starke Selbstzweifel. Dies ist der Grund, weshalb sie andere lieber klein halten oder von oben herab behandeln. Läuft einmal etwas schief, sind immer die anderen Schuld. Sie verweigern ihrem Gegenüber Lob und Anerkennung, da sie befürchten, der andere werde sofort Vorteile daraus ziehen. Kritik an den – vielleicht tatsächlich vorhandenen – Mängeln der Anderen bedeutet zugleich: Du bist auch als ganze Person nicht viel wert. Menschen mit der Einstellung ich bin o.k., Du bist nicht o.k. brechen schnell zusammen, sobald sie selbst kritisiert werden. Ihr Selbstwertgefühl, das sich aus falscher Überlegenheit speist, muss verteidigt werden, sobald jemand es ankratzt.

Mit Menschen, die mit der Grundeinstellung: **Ich bin nicht o.k., Du bist nicht o.k.** leben, sind Telefonate sehr mühselig und konfliktreich. Sie leben nach dem Motto: „Ich tauge zwar nichts, aber ich werde den anderen beweisen, dass sie auch nicht in Ordnung sind." Ich bin nicht o.k. bedeutet: Ich kann kaum Einwände oder Kritik vertragen, da das Gefühl zu mir sowieso mit einer tiefen Ziel- und Sinnlosigkeit verbunden ist. Ich fühle mich unterlegen und entdecke selten Positives an mir oder anderen Menschen. Du bist nicht o.k. heißt: Meine Meinung von dir ist negativ gefärbt, ich bringe dir wenig Wertschätzung entgegen. Ein Mensch, der selbst in tiefen Selbstzweifeln steckt, kann anderen auch keine Anerkennung zollen. Ist jemand über länger Zeit in einer entsprechenden Stimmung, kann diese destruktive Grundeinstellung sogar lebensgefährliche Ausmaße annehmen. Eric Berne spricht in diesem Fall von einer schizoiden, fatalistischen oder gar suizidalen Position. Treffen zwei Menschen mit einer solchen negativen Lebensüberzeugung aufeinander, ziehen sie sich möglicherweise gegenseitig herunter und unterstellen sich im schlimmsten Fall Feindseligkeiten. In Konflikt- oder Stresssituationen bricht ihre Kommunikationsfähigkeit schnell in sich zusammen.

Bei Kundengesprächen ist die Grundeinstellung „Ich bin o.k./Du bist o.k." die Erfolg versprechendste: Zwei Erwachsenen-Ichs begegnen sich. Allerdings, da kann ich Sie beruhigen, gibt es keinen Menschen, der dauerhaft diese harmonisch-glückliche Einstellung zu sich und anderen hat. Auch kann kein Mensch von heute auf morgen sein Selbstwertgefühl ändern. Trotzdem: Mittels aufmerksamer Selbstbeobachtung können Sie trainieren, eine angemessene *innere* Haltung dem Telefonpartner gegenüber einzunehmen. Das bedeutet, sich weder unterzuordnen, noch eine arrogante Haltung zu zeigen. So entstehen bessere Voraussetzungen für eine positive, gleichwertige Beziehungsebene. Telefonieren ist zwar ein Kontakt auf Distanz, es fordert aber gerade deswegen unsere erhöhte Aufmerksamkeit. Und, wie gesagt, an erster Stelle Achtung – dem anderen und uns selbst gegenüber.

Hier noch eine kleine Übung, die Sie in Ihren Telefongesprächen der nächsten Tage leicht durchführen können: Hören Sie mindestens dreimal täglich genauestens auf die Redewendungen Ihrer Telefonpartner. Sammeln Sie die Eindrücke und sprachlichen Wendungen, notieren Sie diese und versuchen Sie hinterher eine Bewertung. Ich kann Ihnen jetzt schon sagen: Die Sprache bietet spannende Hinweise auf das Lebensgefühl anderer. Viel Spaß!

Viele Menschen fühlen sich am Telefon dann am wohlsten, wenn sie selbst die meiste Zeit sprechen können. Wenn auch Sie zu denen gehören, die mehr reden als zuhören, birgt folgender Abschnitt bestimmt interessante Neuigkeiten.

Die Kunst des Zuhörens: Basis für eine positive Beziehung

Zuhören ist eine der leichtesten Übungen überhaupt, das glauben jedenfalls die meisten Menschen. Motto: „Während der andere redet, muss ich nicht denken und kann mich zurücklehnen." Doch das Gegenteil ist der Fall: Richtiges Zuhören ist *aktives Handeln*. Und Arbeit. Ich würde sogar sagen: Zuhören gehört zu den schwersten Aufgaben – egal ob am Telefon oder während eines Gesprächs, bei dem man sich vis à vis gegenüber sitzt. Es lohnt sich, das aktive Zuhören zu erlernen, denn es ist eines der wichtigsten Elemente der telefonischen Gesprächsführung – und obendrein eine wunderbare Möglichkeit, bereits zu Beginn eines Gesprächs die Beziehungsebene positiv zu gestalten.

Wer die Kunst des Zuhörens beherrscht, erfährt die Wünsche, Bedürfnisse und Bedenken seines Gesprächspartners. Und darauf kommt es uns an! Gerade bei Reklamationen – bei denen wir zunächst durch massives und lautes Vortragen eingeschüchtert sind – ist es enorm wichtig, aufmerksam zuzuhören. Was bedrückt den Kunden? Welches Problem stimmt ihn ärgerlich? Liegt es auf der Beziehungsebene? Auf der Sachebene? Was genau ist vorgefallen?

3. Telefonieren kann doch jeder – Professionelles Verhalten am Telefon

Erst wenn Sie zugehört haben, sollten Sie sich gedanklich mit einer Problemlösung beschäftigen.
Die erste Regel lautet also:

> Lassen Sie Ihren Gesprächspartner auf jeden Fall ausreden. Unterbrechen Sie ihn nicht. Geben Sie ihm genügend Raum, von seinem Anliegen zu erzählen.

Viele Menschen denken nun, währenddessen reiche es, schweigend abzuwarten, solange, bis der andere ausgeredet hat. Das ist ein riesiger Irrtum. Passiv das Ohr hinzuhalten und dabei keinen Ton von sich zu geben, wird den Kunden verunsichern, wahrscheinlich sogar ärgerlich stimmen. Er bekommt das Gefühl, in ein „schwarzes Loch" zu sprechen. Also: Bloße Informationsaufnahme reicht nicht. Am Telefon fehlen sichtbare Bestätigungssignale wie Kopfnicken und Blickkontakt. Diese müssen Sie durch Ihre Stimme ersetzen. Deshalb ist es ratsam, *aktiv stimmlich zu handeln:*

Wie funktioniert nun aktives Zuhören?

(1) Kleine Hörersignale, wie „Ja" (das verbale Kopfnicken), „Hm" oder „Aha", sind unumgänglich. Sie unterstützen den Redefluß und halten das Gespräch in Gang.

(2) Kommentare, etwa „Interessant", „Sehr gut" oder „Stimmt", bestärken den Gesprächspartner in seiner Meinung und geben ihm ein gutes Gefühl zu Ihnen, er fühlt sich akzeptiert und angenommen.

(3) Verständnis können Sie auch signalisieren, indem Sie zwischendurch Worte wie „Verstehe" oder „Ach so" äußern.

(4) Durch Heben der Stimme zum Fragezeichen („Hm?", „Aha?" oder „Ja?") erhält Ihr Gesprächspartner die unausgesprochene Aufforderung, weiter zu denken und das Gesagte zu vertiefen.

(5) Eine Tonlage, die z. B. Anteilnahme, Mitgefühl oder Bedauern signalisiert, zeigt, dass Sie nicht nur inhaltlich, sondern auch gefühlsmäßig reagieren.

(6) Sogenannte Rückformulierungen, in denen Sie Aussagen Ihres Gesprächspartners wiederholen, zeigen: „Ich bin Ihren Ausführungen gefolgt." Mehr noch: „Ich habe Sie verstanden und Ihre Infos *verarbeitet.*" Nehmen Sie Inhalte und Bedeutungen in eigenen Worten wieder auf! Wörtliches Nachplappern bewirkt jedoch das Gegenteil.

Ein gutes Gesprächsklima schaffen: Damit der Funke überspringt

(7) Machen Sie sich Notizen, wenn möglich für den Telefonpartner hörbar. Das gibt ihm das Gefühl, ernst genommen zu werden, und es hilft Ihnen, sobald Sie auf bestimmte Inhalte zurück kommen möchten, gleich die richtigen Punkte parat zu haben.

(8) Unterlassen Sie beim Zuhören jede andere Tätigkeit, z. B. am Computer arbeiten, Dinge ordnen oder essen. Das alles ist extrem unhöflich. Und es verhindert, dass Sie gedanklich voll konzentriert sind.

Das aktive Zuhören ist der Schlüssel zu Ihrem Gesprächspartner. Verbale Rückmeldungen jeder Art zeigen Mitgefühl, Verständnis, Respekt. Kurz: Sie erkennen den Gesprächspartner und sein Problem an, beschäftigen sich mit ihm und schaffen eine positive Beziehungsebene.

Im Gegensatz zum passiven Hinhören signalisiert aktives Zuhören freundliche Aufmerksamkeit. Und Zuwendung. Beides gibt dem Telefonpartner die Gewissheit, dass Sie wirklich an ihm interessiert sind und das Gespräch auch für Sie von Bedeutung ist.

Ein gutes Gesprächsklima schaffen:
Damit der Funke überspringt

Das Gesprächsklima wirkungsvoll zu verbessern, beziehungsweise harmonisch zu gestalten, liegt in Ihrer Hand. Zuallererst gilt: Signalisieren Sie *echte* Kommunikationsbereitschaft anstatt den Gesprächspartner einfach zu überfahren oder sein Anliegen abzublocken. Sie ernten sonst umgehend und zu Recht Widerstände.

Jeder Mensch hat das Bedürfnis, verstanden und in seinem Anliegen bestätigt zu werden. Wir alle sind soziale Wesen und suchen den friedlichen Kontakt zu anderen. Fühlen Sie sich bewusst in das Anliegen und in die „Welt" Ihres Telefonpartners ein. Entwickeln Sie einen „guten Draht" zu ihm, so wird er sich akzeptiert fühlen, Ihnen Vertrauen schenken und Ängste und Abwehr fallen lassen können. Sätze wie: „Ich kann nachvollziehen, dass…" oder

3. Telefonieren kann doch jeder – Professionelles Verhalten am Telefon

„Das würde ich auch so entscheiden" oder: „Aus diesem Blickwinkel betrachtet ist das völlig verständlich", öffnen Ihnen unter Umständen alle emotionalen Türen. Hier wirkt eine ganz menschliche Reaktion: Wir alle möchten, dass auch andere Menschen unsere Sicht der Dinge teilen, erst dann fühlen wir uns angenommen.

Dabei geht es nicht darum, den eigenen Standpunkt zu verleugnen, sondern darum, eine gemeinsame Gesprächsbasis herzustellen und sich wirklich einzulassen. Wer das nur halbherzig und berechnend tut, handelt opportunistisch. Jede Gemeinsamkeit erzeugt auch Vertrauen und Sympathie, während Unterschiede Gräben bauen. Bevor das Gespräch zum eigentlichen Kernthema kommt, sollten Sie sich die Zeit nehmen, auf eine gleiche Wellenlänge zu gelangen, sich auf Ihren Gesprächspartner „einzuschwingen". Ob das gelingt, hängt von Ihrem Einfühlungsvermögen ab. Sobald ein guter Kontakt zwischen Ihrem Telefonpartner und Ihnen besteht, können Sie ein Gespräch lenken und es auf das von Ihnen gewünschte Ziel hinführen.

Was dann zählt, ist die richtige Fragetechnik. Um diese wird es auf den folgenden Seiten gehen.

Wer fragt, führt: Warum Fragen so wichtig sind

Nun sind wir beim Kernthema der Gesprächsführung angelangt: Der Frage. Durch Fragen wird der Gesprächspartner aufgefordert zu reagieren. Der Fragende ist der Agierende. Um in einem Gespräch die Führung zu behalten, empfiehlt es sich also, selbst die Fragen zu stellen. Es ist die beste Methode, jemanden gedanklich „an die Leine zu nehmen". Wer spricht oder antwortet, bleibt eingebunden in das Gespräch, gedanklich abzuschweifen wird ihm beinahe unmöglich. Und so setzt er sich natürlich auch mit dem von Ihnen gewünschten Thema auseinander. Wer fragt, verhindert, dass sein Gegenüber sich einfach auf eine Meinung („Das Produkt ist schlecht!") oder eine emotionale Lage („Ich bin wütend!") zurückziehen kann. Der Dialog verläuft zwangsläufig rationaler.

> Wer fragt, führt! Und kann die Richtung des Gesprächs beeinflussen.

Viele Kundenberater und Verkäufer haben vorgefertigte Lösungen parat oder bieten Produkte an, bevor sie überhaupt herausbekommen haben, was für ihren Gesprächspartner wichtig ist oder was ihn gerade ärgert! Wer aber erst einmal fragt, gibt dem Kunden Gelegenheit, sein Anliegen loszuwerden. Darüber hinaus erhalten Sie durch Nachfragen Informationen über die Situation Ihres Kunden, seine Wünsche, Bedürfnisse, Probleme, sein Vorwissen. Und natürlich erfahren Sie auch seine Meinung, die Ihnen wichtig sein sollte. Ohne diese Informationen können Sie weder im Verkaufsgespräch noch im Reklamationsgespräch ein maßgeschneidertes Angebot machen.

Fragen sind auch ein Zeichen der Zuwendung und können eine offene, freundliche Gesprächssituation erzeugen:

> Wer fragt, zeigt Interesse am Gesprächspartner, seinen Problemen, Wünschen und Bedürfnissen. Fragen bezeugen Respekt vor dem Wissen und der Meinung des Befragten. Mit Fragen gewinnen Sie die Sympathie Ihres Gesprächspartners, weil er sich ernstgenommen und aufgewertet fühlt.

Außerdem zwingen Sie sich, die Interessen Ihres Kunden, seine Situation und seine Probleme im Auge zu behalten. Die Folge ist ein Dialog und kein Monolog. Als Fragesteller werden Sie zudem noch einen positiven Nebeneffekt feststellen: Sie gewinnen Zeit. Und können, während der andere spricht, neue Überlegungen anstellen, Ihre Vorgehensweise korrigieren, neue Argumente bereit legen oder die Motive Ihres Kunden analysieren. Mit anderen Worten: Sie behalten den Überblick.

Wer selbst viel redet, hat kaum die Chance, zur Kenntnis zu nehmen, in welcher Stimmung sein Gesprächspartner gerade ist, welche Befürchtungen und welche Erwartungen er hat. Die Rahmenbedingungen für eine Problemlösung oder einen Verkaufsabschluss werden dadurch denkbar ungünstig. Auch an dieser Stelle sei noch einmal darauf hingewiesen, dass jeder normale Mensch maximal 30–50 Sekunden am Stück zuhören kann. Anschließend baut seine

3. Telefonieren kann doch jeder – Professionelles Verhalten am Telefon

Aufnahmefähigkeit rapide ab. Und noch ein Vorteil: Wer fragt, minimiert die Gefahr, Ungeschicktes oder Widersprüchliches zu sagen, wer mehr zuhört als redet, macht weniger Falschaussagen. Das „Gesprächsrisiko" verlagert sich auf den Telefonpartner. Die größte Gefahr während eines Verkaufs- oder Reklamationsgesprächs besteht meistens darin, am Kunden vorbei zu reden. Mitunter entstehen durch zu viele Worte erst Missverständnisse, die das Unternehmen teuer zu stehen kommen können.

Fragen sind hilfreich, um:

- Interesse und Sympathie zu wecken
- Sachliche Informationen zu erhalten
- Einstellungen und Meinungen des Gesprächspartners zu erfahren
- Das Gespräch zu lenken
- Den Gesprächsteilnehmer an das Gespräch zu binden
- Den Gesprächspartner gedanklich mitarbeiten zu lassen
- Die Gesprächsdauer zu beeinflussen (beschleunigen, abkürzen)
- Zeit für Reaktionen zu gewinnen
- Entscheidungshilfen zu geben

Die fünf wichtigsten Fragearten: offene Frage, geschlossene Frage, Alternativfrage, Suggestivfrage und rhetorische Frage

Es gibt fünf Hauptfragearten:
(1) Die offene Frage
(2) Die geschlossene Frage
(3) Die Alternativfrage
(4) Die Suggestivfrage
(5) Die rhetorische Frage

Widmen wir uns zuerst den Fragearten, die für ein Telefongespräch am nützlichsten sind: den offenen, den geschlossenen und den Alternativfragen. Grundsätzlich gilt: Wollen Sie zuerst vom Gesprächspartner Informationen erhalten, ist es klug, öffnende Fragen zu stellen. Sie sind gerade zu Beginn sehr hilfreich, da sie das Gespräch in Gang bringen.

Die fünf wichtigsten Fragearten

Offene Fragen...

...werden auch Informationsfragen genannt. Sie motivieren den Gesprächspartner, mit mehr als nur einem „Ja" oder „Nein" zu antworten. Er muss Ihnen in ganzen Sätzen antworten. So gewinnen Sie Erkenntnisse über seine Wünsche, Bedürfnisse oder Probleme.

Man sagt zu offenen Fragen auch „W-Fragen", da sie Fragewörter wie „Was", „Wer", „Wie", „Wann", „Wo", „Wieso", „Weshalb" und „Warum" umfassen.

Beispiele für W-Fragen sind:

- Was kann ich für Sie tun?
- Was hat dazu geführt?
- Was denken Sie?
- Wie interessant klingt das für Sie?
- Was meinen Sie zu diesem Punkt?
- Wer hat Ihnen davon erzählt?

Drei der oben aufgeführten Fragewörter sind aber mit allergrößter Vorsicht zu gebrauchen: „Wieso", „Weshalb" und „Warum„! Ein kleines **Beispiel** soll das verdeutlichen: Nehmen wir an, Sie befinden sich inmitten eines Verkaufsgesprächs und fragen Ihren Kunden: „Ist dieses Angebot interessant für Sie?", und die Antwort lautet unmissverständlich „Nein!". Selbst wenn Sie nun darauf brennen, zu erfahren, warum er Ihr Angebot ausschlägt, sollten Sie an dieser Stelle **diese** Fragewörter nicht benutzen. Das ist bedauerlich, hat jedoch gute Gründe.

Die Frage nach dem Warum, Weshalb oder Wieso entpuppt sich zumeist deswegen als unvorteilhaft, weil sie die Energien des Gesprächspartners in eine negative Richtung lenkt. In unserem Beispiel würde er sich mit den Gründen beschäftigen, warum ihm das Angebot *nicht* zusagt. Oftmals werden diese Fragewörter sogar noch in Zusammenhang mit dem Wörtchen „nicht" verwendet: „Wieso nicht?", „Weshalb nicht?", „Warum nicht?" Das „nicht" oder anders gesagt, die Ablehnung, das Nein, führt Ihr Gespräch leicht in eine Sackgasse. Und es ist schwer, das Ruder in solch einer Situation

3. Telefonieren kann doch jeder – Professionelles Verhalten am Telefon

wieder herumzureißen! Wägen Sie also unbedingt ab, ob Ihnen diese negativ gefärbte Art der Nachfrage wirklich weiter helfen würde.

Viel sinnvoller, als nach dem Wieso, Weshalb oder Warum einer Ablehnung zu fragen, ist es, nachzuhaken, wie denn eine zufriedenstellende Alternative aussehen könnte. Für das obige Beispiel hieße dies: „Welches andere Angebot wäre stattdessen interessant für Sie?" oder „Was möchten Sie stattdessen?"

> Vermeiden Sie Warum-, Wieso-, Weshalb-Fragen. Diese Fragewörter klingen nach Verhörfragen und bedrängen den Gesprächspartner zu sehr! Motivieren Sie stattdessen Ihren Gesprächspartner, sich aktiv mit Ihren anderen Angeboten auseinanderzusetzen!

In folgendem Fall machte die Nachfrage nach den Hintergründen eines „Neins" allerdings durchaus Sinn: Es ist nicht lange her, da wollte ich das Abonnement einer Tageszeitung kündigen. Ich wurde gefragt: „Welche Gründe haben dazu geführt, dass Sie die Zeitung nicht mehr lesen wollen?" Ich gab zur Antwort, ich hätte während der Woche kaum Zeit, sie zu lesen. Fast jede Ausgabe lande deswegen ungelesen im Altpapier. Bei Bedarf würde ich mir also lieber ein Exemplar am Kiosk kaufen. Die Dame bedankte sich für meine Auskunft. An dieser Stelle war das Gespräch zu Ende – schade, denn möglicherweise hätte ich mich ja von einem Alternativangebot, zum Beispiel einem Wochenendabo, überzeugen lassen. Die nette Frau am Telefon hat zwar nach meinen Gründen gefragt, sie inhaltlich aber nicht verwertet!

> **Geschlossene Fragen...**
> ...heißen auch Kontroll- oder Entscheidungsfragen. Sie sind gekennzeichnet durch die eindeutige Ja- oder Nein-Antwort.

Beispiele für geschlossene Fragen sind:

- Ist das für Sie so in Ordnung?
- Können wir das so machen?
- Ist das in Ihrem Sinne?
- Dann notiere ich mir das so, ja?
- Kann ich darüber hinaus noch etwas für Sie tun?

Die fünf wichtigsten Fragearten

Gerade gegen Ende eines Telefonats ist es sinnvoll, geschlossene Fragen zu stellen. Mit ihrer Hilfe können Sie..

- Entscheidungen herbeiführen
- kontrollieren, ob das Gesagte beim Gesprächspartner auch richtig angekommen ist
- herausfinden, ob Ihr Angebot akzeptiert wird
- herausfinden, ob er einer Entscheidung beipflichtet oder sie ablehnt
- vermeiden, dass Ihr Telefonpartner noch mehr Informationen gibt oder ein Thema erneut aufgreift
- Ihren Gesprächsteilnehmer zum Gesprächskern zurückführen, wenn Sie merken, dass er vom eigentlichen Gesprächsziel abschweift

„Darf ich Sie einmal unterbrechen?" ist eine eher unhöfliche Variante der geschlossenen Frage. Sie vermittelt dem Gesprächspartner das Gefühl, seine Ausführungen dauerten Ihnen zu lang oder Sie interessierten sich nicht für seine Anliegen. Im schlimmsten Fall kann diese Frage zu einem Bruch im Gespräch führen.

Die viel elegantere Lösung ist, den Gesprächspartner zuerst mit seinem Namen anzusprechen und dann eine geschlossene Frage folgen zu lassen, die ihn zum Gesprächsziel zurückführt. Beispiel: „Frau Schulz, dann habe ich Sie richtig verstanden, dass es Ihnen vor allem um die Korrektur der Lieferung geht?" oder: „Frau Schulz, dann ist es Ihnen also am wichtigsten, eine schnelle Lösung herbeizuführen?" Frau Schulz kann an dieser Stelle nur mit „Ja" oder „Nein" antworten. Und Sie haben daraufhin wieder „das Heft in der Hand" und können den weiteren Gesprächsverlauf steuern.

Die Alternativfrage...

...heißt auch „Entscheidungshilfe". Sie ermuntert Ihren Gesprächspartner, sich zu entscheiden, lässt ihm aber die Wahl zwischen zwei Möglichkeiten.

Beispiele für Alternativfragen sind:

- Möchten Sie die blaue oder die rote Bluse bestellen?
- Wollen wir diese Woche noch telefonieren oder Anfang nächster?
- Haben Sie noch Interesse an mehr Informationen, oder reichen Ihnen die vorhandenen Unterlagen?

3. Telefonieren kann doch jeder – Professionelles Verhalten am Telefon

Wir Menschen sind nicht besonders entscheidungsfreudig. Aufgrund dessen neigen wir bei Fragen, die nur eine Möglichkeit zulassen, eher zu vorsichtigen Antworten oder gar zu einem Nein. So kann es vorkommen, dass eine typische und harmlose Frage wie: „Haben Sie daran Interesse?" aus mangelnder Entscheidungsfreude oder Unsicherheit verneint wird. Und nicht etwa aus Interesselosigkeit. Diese Erkenntnis hängt eng mit dem bereits erwähnten Sicherheitsbedürfnis während der Entscheidungsfindung zusammen (siehe auch Grafik „Der Eisberg", S. 17).

Habe ich jedoch die Chance, meinem Gesprächspartner zwei oder mehrere Möglichkeiten anzubieten, wird es wahrscheinlicher, dass er sich für eine der genannten entscheidet. Beispiel: „Nehmen Sie jetzt die angesprochenen drei Kartons Waschmittel oder möchten Sie nicht lieber fünf Kartons? Da erhalten Sie bereits fünf Prozent Rabatt!" Hier steckt der Teufel im Detail: Zum einen wird der Gesprächspartner nicht mehr danach gefragt, ob er überhaupt etwas kaufen will – es geht in der Frage nur noch um die Menge – zum anderen bekommt der Ansprechpartner bei der zweiten Alternative einen zusätzlichen Vorteil genannt.

Damit kommen wir zu einem wesentlichen Punkt der Alternativfrage: Stellen Sie immer Ihre Lieblingsalternative an das Ende der Frage. Sie verleihen ihr damit ein stärkeres Gewicht. Denn...

> ...der Mensch merkt sich das zuletzt Gehörte immer am besten.

Außerdem entscheiden sich die meisten Menschen – aufgrund ihres Sicherheitsbedürfnisses – immer eher für die etwas besser umschriebene Variante. Mein Tipp: Verpacken Sie also die zweite Alternative etwas mehr, etwa mit einem zusätzlichen Argument (z. B. fünf Prozent billiger). Sie sehen also, die Alternativfrage ist eine schöne Möglichkeit, den Gesprächspartner in eine Denkrichtung zu führen, die Ihren Zielen am nächsten kommt.

Die nächsten beiden Fragearten sollten Sie während eines Telefongesprächs so wenig wie möglich verwenden. Vor allem die letzte Frageart, die Suggestivfrage, ist sehr manipulierend und gehört nicht in ein faires und freundliches Kundengespräch.

Rhetorische Fragen...

...sind im eigentlichen Sinne gar keine wirklichen Fragen. Sie verlangen jedenfalls keine Antwort vom Gesprächspartner, wollen aber dessen Aufmerksamkeit fesseln.

Formulierungen wie z. B. „Was ich Ihnen damit sagen will...?", dienen einzig und allein dazu, dass sich der Fragende sofort selbst eine Antwort geben kann.

Suggestivfragen...

...lassen dem Gesprächspartner nur eine Antwortmöglichkeit: Nämlich dem Fragenden beizupflichten.

Beispiel: „Sie sind doch sicher mit mir einer Meinung, dass es für Sie wichtig ist...". Auf diese Frage kann der Kunde eigentlich nur mit „Ja" antworten, da er unter Druck gesetzt und in seiner Meinungsfindung manipuliert wurde.

Wer richtig fragt, beherrscht die Königsdisziplin der Gesprächsführung. Es wird eine ganze Weile dauern, bis Sie die verschiedenen Fragearten spielend leicht und gezielt einsetzen können. Dann jedoch besitzen Sie ein hervorragendes weiteres Werkzeug, um am Telefon Ihre Gespräche zu steuern. Zum Schluss dieses Abschnitts habe ich nun verschiedene Fragen zusammengestellt, anhand derer Sie die Unterscheidung weiter üben können: Versuchen Sie, folgende Beispiele den oben vorgestellten Fragearten zuzuordnen: Handelt es sich um geschlossene, offene, Alternativ- oder Suggestivfragen? Die Auflösung finden Sie am Ende des Buches auf Seite 134,

(1) Sind Sie mit dem Produkt zufrieden?
(2) Warum entspricht die Bohrmaschine nicht Ihren Vorstellungen?
(3) Möchten Sie noch weitere Informationen einholen, oder können wir uns für die eben besprochene Lösung entscheiden, sie ist die schnellste...
(4) Welche Probleme hatten Sie beim Aufstellen Ihres Zeltes?
(5) Wollen Sie nun die Hose mit den Applikationen, oder die günstigere Samthose. Sie ist ja einfacher zu waschen.

3. Telefonieren kann doch jeder – Professionelles Verhalten am Telefon

	Beispiel:	**Bewertung:**
Rhetorische Fragen	„Was will ich damit sagen?"	Eher bei Vorträgen verwendet, für den Einsatz am Telefon weniger geeignet.
Suggestiv Fragen	„Sie sind doch sicherlich auch meiner Meinung, daß…"	Sehr manipulierend! Läßt dem Gesprächspartner nur eine Anwort offen – eher zu vernachlässigen!
Offene Fragen	„Was kann ich für Sie tun?"	W-Fragen sind nicht mit einem bloßem Ja oder Nein zu beantworten. Sie fördern den Dialog. Sehr empfehlenswert! Aber: Achtung bei wieso, weshalb, warum.
Geschlossene Fragen	„Ist das in Ihrem Sinne?"	Sind mit einem einfachen Ja oder Nein zu beantworten. Gegen Ende des Gesprächs als Kontrollfrage hilfreich.
Alternativ Fragen	„Möchten Sie die angesprochenen drei Kartons Waschmittel oder lieber die fünf zum Sonderpreis?"	Sehr empfehlenswert, wenn auch manipulierend. Gibt immer mindestens zwei Antwortmöglichkeiten vor.

Fragetechniken und ihr Einsatz im Gespräch

(6) Sie werden mir zustimmen, dass das kein sehr höfliches Verhalten ist.

(7) Wann ist das passiert?

(8) Ich glaube, wir sind einer Meinung, dass dieser Zeitpunkt der richtige ist.

(9) Können Sie sich bitte noch diese Woche zurückmelden?

(10) Wann haben Sie Zeit für ein Treffen?

(11) Ist Ihnen Freitag oder Montag lieber?

(12) Was halten Sie von meiner Idee?

(13) Mein Vorschlag ist Ihnen doch recht, oder nicht?

(14) Worin genau liegt Ihr Problem?

(15) Treffen wir uns hier oder bei Ihnen? In Ihrem Haus könnten wir gleich sehen, ob die Maße des Kühlschranks auch stimmen.

(16) Sagen Sie uns bitte Bescheid, wenn wir weiteres Material zuschicken sollen.

Hat das Rätseln Spaß gemacht? Dann formulieren Sie doch einmal einige typische Fragen aus Ihrem Arbeitsalltag und ordnen Sie auch diese dann den verschiedenen Fragearten zu!

Hindernisse und Probleme: Wenn ein Kunde nicht antworten will

Sicher kennen Sie die Situation, dass ein Kunde oder Gesprächspartner bestimmte Fragen nicht beantworten will. Die Weigerung oder der Unwille, Fragen zu beantworten, hat in den meisten Fällen gute Gründe – wenn auch oft unbewusste. Manch einer fühlt sich ausgefragt, ein anderer möchte keine Zeit oder Energie für etwas investieren, das er nicht einschätzen kann. Möchten Sie vermeiden, dass sich Ihr Gesprächspartner innerlich gegen die Beantwortung einer Frage sträubt, formulieren Sie Ihre Fragen so, dass er in der Beantwortung seinen Nutzen oder Vorteil erkennen kann.

Benötigen Sie bei einer Reklamation zusätzliche Informationen zur Klärung, könnten Sie Sätze sagen wie: „Frau Müller, damit ich den Fehler hier bei uns sofort finden kann, habe ich noch ein paar Fragen an Sie...", oder: „Um genau feststellen zu können, was vorgefallen ist, brauche ich noch einige Informationen von Ihnen...". Sie werden sehen, dass Sie nun Antworten erhalten und anschließend weitere Fragen mit Leichtigkeit loswerden.

> Der Kunde muss seinen Nutzen sehen, bevor er Ihnen gerne antwortet.

Das gleiche Verhalten ist auch bei Verkaufsgesprächen sinnvoll. Auch hier soll dem Gesprächspartner nicht das Gefühl gegeben werden, dass Sie ihm ein Produkt aufdrücken oder ihn aushorchen wollen. Begründen Sie also Ihre Fragen im Vorab: „Herr Müller, um zu sehen, welches Produkt für Sie am sinnvollsten ist, habe ich noch folgende Fragen an Sie..." oder: „Um herausfinden zu können, was für Sie am vorteilhaftesten ist, benötige ich noch ein paar Details...". Erkennt der Kunde den Grund Ihrer Fragen, wird er wesentlich gesprächsbereiter und auskunftsfreudiger sein. Kann er jedoch die ihm gestellten Fragen keinem genauen Ziel zuordnen, verhält er sich verschlossen.

Alles graue Theorie? Stimmt. Allerdings abgeleitet aus meiner langjährigen Praxiserfahrung. Ich möchte Sie dazu ermutigen, die beschriebenen Fragetechniken so oft es geht auszuprobieren. Bevor Sie mit Kunden sprechen, testen Sie sich selbst im Gespräch mit Freunden oder Verwandten. Sie werden ein Gefühl für die richtige Fragetechnik entwickeln – und immer sicherer werden, welche Frage wann sinnvoll ist. Ebenso sicher ist dann auch Ihr Erfolg!

Im nächsten Kapitel wird es um das Thema Reklamationen gehen. Hier werden Sie einige Punkte aus den vorangegangenen Kapiteln wiederfinden. So können Sie diese gleich in Hinblick auf ihre „Praxistauglichkeit" testen. Allerdings möchte ich Ihnen vorweg noch einen grundlegenden Tipp geben: Um auf alle Situationen, wie Einwände, Reklamationen etc. gut vorbereitet zu sein, hilft es, ein umfassendes „Fragenportfolio" anzulegen, das Sie aus der Schreibtisch-Schublade ziehen können um es im „Ernstfall" parat zu haben. Eine derartige Liste sieht für jedes Unternehmen anders aus. Sie sollte alle Fragen enthalten, mit denen Sie bislang Erfolg hatten, oder mit denen Sie erfolgreich heikle Gesprächssituationen umschiffen konnten. Oft helfen Fragen nämlich auch, eine unangenehme Stimmung aus der Welt zu schaffen: Anstelle der Feststellung „Das kann gar nicht sein", könnte auf der Fragen-Liste stehen: „Wie konnte das passieren?"

4. Der Umgang mit Reklamationen

Was ein reklamierender Kunde erwartet

Kunden verhalten sich oft sehr unwirsch wenn sie etwas reklamieren. Sie sind emotional äußerst angespannt, aufgebracht und verärgert – wobei die Heftigkeit des Vortrags mit dem Ausmaß der Reklamation korrespondiert. Wurde beispielsweise ein teures Wohnmobil extra für den Familienurlaub gemietet und verursachte bereits auf der Hinfahrt Probleme, wird die Wut entsprechend hoch kochen. Hat ein Kunde hingegen ein Buch gekauft, in dem zehn Seiten fehlen, wird er das wahrscheinlich relativ gelassen reklamieren, denn dieser Fall liegt auf der Hand und sollte sich problemlos und kulant regeln lassen. Doch weshalb reagieren manche Menschen überhaupt sehr stark emotional?

Abgesehen davon, dass jeder Mensch bestimmte Charaktereigenschaften besitzt, die Sie nicht beeinflussen können – wer temperamentvoll ist, wird seine Beschwerde auch impulsiv vortragen – gibt es vor allem einen Grund, warum Reklamationen häufig so heftig vorgebracht werden: Sehr oft wird die Beschwerde vom Kundenberater oder Verkäufer gar nicht ernst genommen! Sie wird stattdessen bagatellisiert, heruntergespielt oder gar in Zweifel gezogen. Was ebenfalls häufig passiert und viele Kunden zu recht wütend stimmt: Sobald sie ein paar Worte gesagt haben, werden sie schon wieder unterbrochen. Nicht aus böser Absicht, sondern weil der Kundenberater meint, bereits einen Lösungsansatz für das jeweilige Problem parat zu haben. Die Folge: Der Kunde kommt überhaupt nicht dazu, seine Enttäuschung oder seinen Ärger vollständig los zu werden!

Anlässe für Reklamationen gibt es Tausende. Wichtig ist, dass Sie den Kunden mit seinem Anliegen wirklich ernst nehmen. Er wird gute Gründe haben, weshalb er sich beschwert. Jede Reklamation hat eine Vorgeschichte, die, aus welchen Gründen auch immer, dafür sorgt, dass der Kunde nun sehr verärgert ist. Im obigen Fall 1 könnte es sich so verhalten haben: Der Kunde hat zwei Jahre keinen

4. Der Umgang mit Reklamationen

Urlaub mehr gemacht, sich endlich doch frei genommen und nun das: Gerade jetzt streikt das Wohnmobil! Diese Vorgeschichte ist auch für Sie von Bedeutung. Machen Sie nicht den Fehler, dem Kunden sofort die Alleinschuld in die Schuhe zu schieben. Schuldzuweisungen („Ja, das liegt dann aber an Ihnen, wenn…") oder das Abwälzen von Verantwortung auf Dritte („Da müssen Sie sich mit der Zentrale in Frankfurt unterhalten, die sind dafür verantwortlich…") fallen immer auf den Kundenbetreuer zurück. Prüfen Sie die Sachlage zuerst, bevor Sie Entscheidungen fällen.

Auch von dem Satz „Nun beruhigen Sie sich doch erst einmal" möchte ich Ihnen dringend abraten. Die Quittung, einen reklamierenden Kunden in der Anfangsphase eines Gesprächs mit diesem Satz zu unterbrechen, erhalten Sie auf dem Fuße: Der Kunde wird garantiert noch wütender werden, da er sich nicht mehr ernst genommen fühlt.

> Solange wir nicht wissen, wer an der Reklamation schuld ist, ist folgendes Verhalten richtig: Hören Sie genau zu und urteilen und entscheiden Sie zunächst zu Gunsten des Kunden!

Wenn Sie folgende Punkte lesen, denken Sie nur einmal an eine Situation, in der Sie selbst ein Produkt oder eine Dienstleistung reklamiert haben und daran, welche Erwartungshaltung Sie in diesem Fall hatten:

Ein reklamierender Kunde erwartet:

- Zunächst natürlich eine Entschuldigung: z. B. ein schlichtes „Das tut mir sehr leid!"
- Verständnis oder Mitgefühl für sein Problem: z. B. „Das ist wirklich ärgerlich!"
- Eine sofortige Reaktion des Gesprächspartners, die persönlichen Einsatz signalisiert: z. B. hörbares Mitschreiben und/oder den Satz: „Das möchte ich mir notieren."
- Das Gefühl, bevorzugt behandelt zu werden: „Ich kümmere mich sofort um die Sache."
- Eine verbindliche Art bei der Lösungsfindung: z. B. „Ich werde das Problem untersuchen und bearbeiten."

- Konkrete Vorschläge, Maßnahmen: z. B. „Ich schicke Ihnen sofort ein neues Exemplar zu."
- Bedanken: z. B. „Vielen Dank, dass Sie sich sofort gemeldet haben und uns darauf hinweisen!"

Bewahren Sie einen kühlen Kopf: Konflikte sind Herausforderungen

Reklamationen haben nicht nur negative Aspekte, sondern durchaus auch positive. Mehr noch, Reklamationen bieten echte Chancen:

- Kunden, die etwas reklamieren, melden sich immerhin bei Ihnen. Das heißt: Der Kunde hat offensichtlich weiterhin ein Interesse, mit dem jeweiligen Unternehmen zu kommunizieren. Er gibt dem Unternehmen also eine Chance, eine Lösung für sein Problem herbeizuführen. Das heißt, er vertraut in Ihre Fähigkeit, etwas für ihn zu tun!
- Eine Reklamation führt dazu, dass mögliche Fehlerquellen im Unternehmen aufgedeckt und Mängel beseitigt werden können. Das wiederum kann positive Veränderungsprozesse innerhalb des Unternehmens nach sich ziehen.
- Auch für Sie persönlich beinhaltet jede Reklamation Chancen: Um das „Sandkorn im Getriebe" zu finden, müssen Sie tiefer als gewohnt in bestimmte Arbeitsgebiete einsteigen. Sie lernen Ihren Arbeitsbereich besser kennen, verbessern Ihre Kenntnisse.
- Mitarbeiter, die mit Reklamationen zu tun haben, machen oft die Erfahrung, dass nach erfolgreicher Lösungsfindung eine wesentlich höhere Kundenbindung entstanden ist. Was gibt es Positiveres, als folgende Empfehlung eines zufriedenen Kunden: „Solltest Du mit der Firma XY einmal Schwierigkeiten haben, kannst Du sicher sein, dass sie sich dort wirklich um Dich kümmern."

> Geben Sie Ihrem Gesprächspartner genügend Zeit, seine ganze Energie zu entladen – all seine Wut, Empörung, Enttäuschung.

4. Der Umgang mit Reklamationen

Hören Sie geduldig zu, ohne ihn zu unterbrechen. Später können Sie diese Energie umlenken und dem Kunden vielleicht mit einem Lösungsvorschlag dienen. Schalten Sie hingegen gleich zu Anfang auf stur und fangen an, sich gegen die erhobenen Vorwürfe – seien sie berechtigt oder nicht – zu verteidigen, geraten Sie leicht in einen Teufelskreis! Druck erzeugt immer Gegendruck. Ganz wichtig ist, die Distanz zu wahren. Lassen Sie sich nicht auf ein persönliches Konfliktgespräch ein. Jeder Mitarbeiter, der telefonisch Reklamationen entgegennimmt, sollte sich folgendes zu Herzen nehmen:

> Reklamationen beziehen sich meistens auf das Unternehmen, eine bestimmte Dienstleistung oder auf ein Produkt. Nicht auf das Verhalten des Mitarbeiters! Fühlen Sie sich also niemals von der aufgebrachten Art eines Kunden persönlich angegriffen.
> Er meint die Sache, nicht Sie!

Es gilt also, die Emotionen des Gesprächspartners zu akzeptieren und zwei Dinge herauszufinden:

- Wie sieht der sachliche Hintergrund aus (die offensichtliche Sachebene)?
- Warum ist der Kunde emotional so betroffen (die unsichtbare Gefühlsebene)?

Erinnern Sie sich bitte noch einmal an das Modell vom „Eisberg". Ähnlich wie bei den dort illustrierten Gründen, die zu einer Kaufentscheidung führen, sind auch bei Reklamationen und Beschwerden weitaus mehr emotionale als sachliche Motive im Spiel. Auch wenn Sie die emotionale Botschaft nicht sofort heraus hören können – sie ist oft zwischen den Zeilen versteckt – macht sie doch den Löwenanteil der Reklamation aus: 80–90 % entfallen auf die Gefühlsebene, nur 10–20 % hingegen auf die Sachebene. Sie sehen, dass es sinnlos ist, sich in einem Konflikt oder bei der Beschäftigung mit einer Beschwerde ausschließlich auf die sachlichen Inhalte zurückzuziehen. Um den „Leidensdruck" des Kunden zu begreifen, ist es vielmehr entscheidend, sich in seine Situation hinein zu *fühlen*.

Reklamationsgespräche bieten Musterbeispiele dafür, wie Menschen aneinander vorbei reden können. Das hat einen einfachen

Grund: Während der Mitarbeiter sich auf die Behandlung des sachlichen Problems konzentriert, ist der Kunde oft noch emotional völlig angespannt und zu einer sachlichen Klärung gar nicht in der Lage. Beschränken Sie sich bei der Reklamationsbehandlung dennoch nur auf die Sachebene, bekommt der Kunde unweigerlich das Gefühl, mit seinem Problem gar nicht ernst genommen zu werden.

15 Tipps zur Reklamationsbehandlung

Lassen Sie uns jetzt einmal schauen, welches Verhalten bei der Behandlung von Reklamationen am klügsten ist:

- Zunächst sollte eine freundliche, aufgeschlossene Begrüßung stattfinden.
- Hören Sie dann dem reklamierenden Kunden konzentriert und aktiv zu.
- Lassen Sie sich während des Telefonats durch nichts ablenken. „Vorarbeiten", wie beispielsweise das Durchsuchen der EDV nach weiteren Angeboten für den Kunden, ist tabu. Die wichtigsten Informationen teilt Ihnen Ihr Kunde meistens schon am Anfang mit. Passen Sie auf, dass Ihnen diese nicht durch die Konzentration auf die eigene Vorgehensweise verloren gehen.
- Versuchen Sie zu erkennen, wo die sachlichen Hintergründe der Reklamation liegen und in welchem emotionalen Spannungsfeld der Kunde sich befindet.
- Geben Sie Ihrem Gesprächspartner die nötige Anerkennung und signalisieren Sie Verständnis für das Problem. Denken Sie dabei an eine Art Dampftopf: Der Druck muss erst vorsichtig entweichen, bevor Sie den Topf öffnen können.
- Notieren Sie, was der Kunde Ihnen mitteilt. Ihr Reklamationsbericht wird am Ende sehr hilfreich sein, wenn Sie Argumente finden oder Lösungen suchen müssen.
- Zeigen Sie ehrliches Verständnis für geäußerte Gefühle wie etwa Ärger oder Enttäuschung. Erst wenn Sie merken, dass der Druck auf der Beziehungsebene nachlässt, können Sie auf eine gemeinsame sachliche Problemlösung zusteuern.
- Vermeiden Sie Äußerungen wie „Das kann ich mir gar nicht vorstellen" oder: „Das höre ich das erste Mal". Solche Formulierungen heizen die Atmosphäre zusätzlich an. Ihr Gesprächspartner könnte antworten: „Ja, soll das heißen, Sie glauben mir nicht...?"

4. Der Umgang mit Reklamationen

- Formulierungen wie „Sie müssen…" oder „Sie hätten…" sollten ganz wegfallen. Sie klingen sehr bestimmend und provokativ.
- Stellen Sie nun Fragen und begründen Sie diese vorweg: „Herr Meyer, um genau feststellen zu können, was vorgefallen ist, habe ich noch ein paar Fragen: Wann, wo, wie…?"
- Grenzen Sie mit der richtigen Fragetechnik den Sachverhalt ein, um eine gute Lösung vorschlagen zu können. Damit signalisieren Sie Ihrem Kunden, dass Sie ihn ernst nehmen und ihm zugehört haben.
- Suchen Sie anschließend gemeinsam nach einer Lösung. Auch Zwischenlösungen sind möglich – vielleicht müssen Sie sich bei Ihrem Vorgesetzten rückversichern oder weitere Informationen aus dem Unternehmen zusammentragen.
- Können Sie zunächst keine Lösung anbieten, gilt es trotzdem immer wieder, Verständnis und Bedauern zu zeigen, beziehungsweise sich für die Aufregung und den Ärger zu entschuldigen, den Ihr Kunde hatte.
- Doch Vorsicht: Solange die Reklamation nicht endgültig geklärt ist, ist es nicht ratsam, sich für das aufgetretene Problem vorauseilend persönlich zu entschuldigen. Das können Sie erst, wenn sichergestellt ist, dass das Problem auf Seiten des Unternehmens lag. Ansonsten wird Ihr Verhalten als „Schuldgeständnis" gewertet, das später vielleicht gegen Sie verwendet wird: „Ja, aber als ich mit Herrn XY telefonierte, hat er gesagt, dass…"
- Am Ende des Gesprächs muss eine Zusammenfassung erfolgen. Legen Sie gemeinsam die weitere Vorgehensweise fest. Haben Sie einen Rückruf vereinbart und ein Zeitlimit gesetzt („Ich rufe Sie in einer Stunde wieder an"), ist diese Absprache strikt einzuhalten. Erfolgt der Rückruf nicht, vielleicht weil Sie noch kein Ergebnis präsentieren können, haben Sie sich die zweite Reklamation ins Haus geholt. Melden Sie sich stattdessen, um einen Zwischenbericht zu geben. Dies signalisiert Ihrem Gesprächspartner, dass Sie sich in seiner Sache engagieren und ihn nicht vergessen haben.

5. Verkaufstechnik: Der ideale Gesprächsverlauf

Aktive Verkaufsgespräche sollten immer einen bestimmten Aufbau und eine strategische Ausrichtung haben. Auch wenn die Praxis oft anders aussieht, ist es wesentlich erfolgversprechender, strukturiert an ausgehende Gespräche heranzugehen. Da Sie in diesem Falle nicht unvermittelt angerufen werden, können Sie das Telefonat wunderbar im Voraus planen.

Der sogenannte „ideale Gesprächsverlauf" für ausgehende Gespräche sieht sieben Gesprächsphasen vor:

1. Gesprächseröffnung
2. Situations- und Bedarfsanalyse
3. Produktpräsentation
4. Vorteil-Nutzen-Argumentation
5. Einwandbehandlung
6. Entscheidungsfindung
7. Gesprächsabschluss

Schauen wir uns zunächst einmal an, wie die ideale Eröffnungsphase verlaufen sollte.

Die Gesprächseröffnung

Wie wir im Kapitel über eingehende und ausgehende Gespräche gesehen haben, läuft die Begrüßung nach einem bestimmten Schema ab. Ihr Gesprächspartner sollte so schnell wie möglich einschätzen können, wer ihn anruft – oder sich an Ihr Unternehmen erinnern, wenn Sie das zweite Mal anrufen. Deswegen gilt: Zuerst kommt die Begrüßung, dann nennen Sie Ihren eigenen Namen, anschließend den Ihres Unternehmens.

Als nächstes folgt die **Kompetenzabklärung**. Dieser Punkt ist äußerst wichtig. In den wenigsten Gesprächen landen Sie sofort beim

71

5. Verkaufstechnik: Der ideale Gesprächsverlauf

„Entscheider", sondern zuerst in einer Telefonzentrale oder im Sekretariat. Prüfen Sie also als erstes die Kompetenz Ihres Gesprächspartners. Sind Sie noch nicht an entscheidender Stelle, lassen Sie
sich weiter verbinden. Beispiel: „Wer ist in Ihrem Hause zuständig,
wenn es um... geht?" Solche offenen Fragen haben einen entschei-
denden Vorteil: Die Mitarbeiter in der Zentrale oder am Empfang
können nun nicht einfach kommentarlos weiter verbinden. Wollen
sie nicht unhöflich sein, müssen sie den Namen der entsprechenden
Zielperson nennen. Bei der nächsten Anlaufstelle können Sie dann
ohne Umschweife sagen: „Ich möchte gern Herrn XY sprechen."
Werden Sie an dieser Stelle anstandslos weiter verbunden, beginnt
die Begrüßung bei der Zielperson von vorn – mit dem erneuten Prüfen der Kompetenz. Beispiel: „Ist es richtig, Herr Meyer, dass Sie zuständig sind für den Bereich...?" Nachdem dies geklärt ist, haben
nun auch Sie die Gelegenheit, Ihren Gesprächspartner kurz und
knapp über Ihre Funktion im eigenem Unternehmen zu informieren.
Das Gespräch kann beginnen.

> Äußern Sie den genauen Gesprächsanlass erst, wenn Sie Ihre Zielperson
> am Hörer haben.

Der Grund Ihres Anrufes sollte so spannend wie möglich klingen.
Schon mit dem ersten Satz können Sie Interesse wecken – oder aber
jedes Interesse im Keim ersticken. Der Gesprächspartner soll Lust
bekommen, weiter mit Ihnen zu telefonieren! Machen Sie ihn gleich
neugierig, wenn Sie ihn informieren, warum Sie anrufen („Der
Grund meines heutigen Anrufes..." oder „Ich rufe Sie aus folgendem
Grund an..."). Wir alle kennen die Situation während des Zeitung-
lesens: Ist schon der erste Satz langweilig oder zu kompliziert formuliert, legen wir die Zeitung aus der Hand.
  Es gibt viele verschiedene Möglichkeiten, spannend in ein Gespräch einzusteigen, inhaltlich sind Ihnen dabei keine Grenzen gesetzt. Entweder Sie verwenden Eröffnungsformulierungen aus Ihrem Unternehmensbereich – zum Beispiel Worte, die für die Vorstellung eines neuen Produktes oder einer Dienstleistung verwandt
werden – oder Sie beziehen sich auf die Realität Ihres Kunden: „In
Ihrer Branche wird es ja zunehmend wichtig, dass..." oder: „Ich

72

Die Gesprächseröffnung

habe da ein Produkt, dass gerade für Sie sehr interessant sein wird...".

Gleich zu Beginn des Gesprächs sollten dem Angerufenen somit folgende drei Punkte deutlich geworden sein: Wer bin ich? Was mache ich? Was kann ich Ihnen bieten? Gerade Letzteres ist von großer Bedeutung, schließlich möchte der Angesprochene schon am Anfang des Telefonats seinen Vorteil und Nutzen aus dem nun folgenden Gespräch erkennen – ansonsten reagiert er mit Desinteresse, Abwehr oder legt auf.

> Haben Sie in dieser ersten Gesprächsphase branchenübergreifendes Wissen parat – vielleicht aus Fachzeitschriften – ist das für jede Art von Verkaufsgespräch ein Joker.

Gezieltes Fachwissen gibt Ihnen jedoch nicht nur kostbare Argumente an die Hand. Der Kunde merkt auch, dass Sie sich mit seinen Wünschen und Anforderungen auseinandersetzen. Er will nachvollziehen können, warum Sie gerade *ihn* und niemand anderen anrufen. Bekommt er das Gefühl, dass er aus der Unterhaltung mit Ihnen für sich einen Nutzen ziehen kann, wird er ganz bestimmt nicht mehr auflegen wollen.

> Bei der Gesprächseröffnung ist es sehr wichtig, die Beziehungsebene positiv zu gestalten. Dies ist der Moment, wo Sie Ihrem Gesprächspartner Respekt zollen und zeigen können, dass er für Sie ein wichtiger Gesprächspartner ist.

Mit Freundlichkeit, Klarheit und einigen interessanten Informationen schon zu Beginn des Gesprächs werden Sie dieses Ziel sicher erreichen.

Sollte es Ihnen einmal jedoch nicht gelungen sein, an der Zentrale oder am Sekretariat vorbei zu kommen – aus Gründen, die Sie vielleicht gar nicht beeinflussen können – so bedenken Sie eines: Gerade Sekretariate haben eine besondere Funktion. Meistens kennen sich diese Mitarbeiter und Mitarbeiterinnen im Unternehmen bestens aus. Sie haben in das Arbeitsgebiet ihres Vorgesetzten ausgezeichneten Einblick und können daher beurteilen, ob es für Sie

73

5. Verkaufstechnik: Der ideale Gesprächsverlauf

sinnvoll ist, ein Gespräch mit ihrem Chef, dem „Entscheider", zu führen oder nicht. Wenn Nachfragen kommen, gilt daher grundsätzlich:

> Machen Sie dem Sekretariat oder dem Empfang transparent, aus welchem Grund Sie anrufen. Nehmen Sie die Menschen dort ernst. Behandeln Sie sie entsprechend und zeigen Sie ihnen gegenüber Offenheit. Erbitten Sie sich Hilfe und motivieren Sie Ihre Gesprächspartner, Sie weiter zu verbinden oder Ihnen gegebenenfalls einen späteren Gesprächstermin zu vermitteln.

Beispiele:

- Sie können mir bestimmt weiterhelfen…
- Ich benötige Ihre Hilfe…
- Sie kennen sich ja am besten aus…

Die Situations- und Bedarfsanalyse

Ist die Begrüßung mit der „Zielperson" angenehm verlaufen und eine positive Gesprächsebene aufgebaut, folgt nun die sogenannte Situations- und Bedarfsanalyse. In diese Phase des Gesprächs sollten Sie viel Aufmerksamkeit stecken. Sie ist ebenso wichtig wie alle vorherigen Gedanken und Gesprächsschritte. Unser Ziel ist nun – möglichst *vor* der Produktpräsentation – mittels einer sorgfältigen Analyse die Wünsche, den Bedarf und eventuelle Kaufmotive des Kunden heraus zu arbeiten. Wo genau liegen seine Erwartungen? Was zeichnet seine aktuelle Situation aus? Holen Sie Ihren Gesprächspartner dort ab, wo er sich befindet!

> Das beste Produkt der Welt ist wertlos, wenn es nicht einem Bedürfnis entspricht.

Ein kurzes **Beispiel:** Es macht wenig Sinn, Ihren Kunden zum Kauf eines wunderschönen Hauses in Hamburg zu drängen, wenn er soeben einen Arbeitsvertrag in München unterschrieben hat. Sie erinnern sich: Der Kunde kauft nicht Produkte sondern Problemlösungen. Finden Sie heraus, wo ihn der Schuh drückt (braucht er

Die Situations- und Bedarfsanalyse

dringend eine Wohnung in München?). Nur dann kann Ihr Lösungsvorschlag ihn auch überzeugen – eventuell ist er Ihnen sogar dankbar für die Hilfe. Bedarf und Angebot verhalten sich hier wie Schlüssel und Schloss: Je optimaler das Angebot zu den Bedürfnissen des Kunden passt, desto zufriedener wird er sein, desto leichter „öffnet" er sich einem für beide Seiten erfolgreichen Geschäftsabschluss. Und beim nächsten Mal gelten Sie vielleicht sogar als „Problemlösungsexperte". Das wäre doch etwas!

Auch auf emotionaler Ebene hat die Bedarfsanalyse zum Ziel, Ängste, Bedürfnisse, Befindlichkeiten und Vorlieben des Kunden kennenzulernen. Aber auch, seine eventuellen Bedenken so gut wie möglich zu entkräften.

Hier ein paar Gedanken, die Sie während der Situations- und Bedarfsanalyse leiten können:

- In welcher Ausgangssituation befindet sich der Kunde?
- Was hat der Kunde bislang gemacht/gekauft?
- Welches Problem/Ziel/Idee hat er?
- Bei welchem Ziel/Wunsch/Problem/Vorhaben wird dem Kunden Ihr Angebot helfen?
- Worin liegt für ihn die Problemlösung?
- Welchen Nutzen hat der Kunde von Ihrem Angebot?
- Welche Produkte kommen für ihn in Frage?

Sie merken: Der Zeitpunkt, an dem die richtigen Fragetechniken zum Einsatz kommen, ist da! Alle Informationen, die Sie nun als Antwort erhalten, sind wichtig, um anschließend ein maßgeschneidertes Angebot für den Kunden zu erarbeiten. Jedes Angebot und Argument kann im Anschluss von Ihnen persönlich auf den Kunden zugeschnitten und gezielt mit seinen Bedürfnissen verknüpft werden.

Wie bereits im Abschnitt „Hindernisse und Probleme: Wenn ein Kunde nicht antworten will" erwähnt wurde, ist es an dieser Stelle des Gesprächs besonders wichtig, Ihre Fragen auch gleich mit einer Begründung zu versehen. Sie vermeiden damit, Ihrem Telefonpartner das Gefühl zu geben, „ausgefragt" zu werden: „Herr Schulz, um Ihre Zeit nicht zu sehr zu strapazieren, habe ich folgende Fragen an

5. Verkaufstechnik: Der ideale Gesprächsverlauf

Sie…", oder „Um Ihnen die für Sie interessantesten Aspekte unseres Produktes vorzustellen, habe ich vorab ein paar Fragen…"

Ich möchte Ihnen empfehlen, beim Fragen „hierarchisch" vorzugehen, das heißt, die Fragearten ganz bewusst in einer bestimmten Reihenfolge zu nutzen. Die folgende Grafik „Der Fragetrichter" soll das verdeutlichen: Wie Sie wissen, sollte jedes Telefonat nach der Begrüßung mit offenen Fragen eingeleitet werden. Besonders bei der Situations- und Bedarfsanalyse sind offene Fragen unerlässlich, denn nur durch sie erhalten wir die Fülle an Informationen, die wir für den erfolgreichen Verlauf des Gesprächs benötigen. Im Verlauf des Telefonats wird es dann sinnvoll, sich zunehmend mit geschlossenen, beziehungsweise Alternativfragen ans Gesprächsende vorzutasten. Beide Fragearten sind auch hilfreich, um zum Abschluss zu speziellen Punkten noch einmal genauer nachzufassen oder um zu kontrollieren, ob Sie als Anrufer die Auskünfte des Gesprächspartners auch tatsächlich in dessen Sinne interpretieren („Habe ich Sie richtig verstanden, dass…?").

Fragen Sie so lange nach den persönlichen Ansichten und Bedürfnissen des Kunden, bis Sie eine präzise Vorstellung von ihm haben. Auch wenn Sie ziemlich schnell der Meinung sind, Sie hätten eine Idee davon, was Ihr Kunde braucht, verlassen Sie sich nicht sofort darauf. Hinterfragen Sie Ihre Ansichten! Je umfangreicher das Produkt oder Angebot ist, das sie präsentieren möchten, desto genauer sollten die Nachfragen ausfallen (z. B. bei Lebensversicherungen, Immobilien, etc.). Werden Sie nicht müde, sich ein immer detaillierteres Bild von der Situation Ihres Gesprächspartners zu machen.

Es ist normal, dass sich Menschen dagegen sperren, fremden Menschen all zu viel von sich zu erzählen. Offene Fragen (W-Fragen) jedoch, „lockern die Zunge". Auch wird aufmerksames und aktives Zuhören Ihrerseits Ihrem Gegenüber Ängste oder eventuelle Befürchtungen („Der will mir nur etwas verkaufen") nehmen können. Manch einer wird sogar froh sein, endlich mal sein Herz ausschütten zu dürfen und zeigt sich danach umso kooperativer.

Lassen Sie Ihren Gesprächspartner ausreden und halten Sie bei seinen Antworten auch nach Hinweisen Ausschau, die nicht in der Sprache direkt liegen. Eine lange Pause etwa, ein Räuspern oder auch

Die Situations- und Bedarfsanalyse

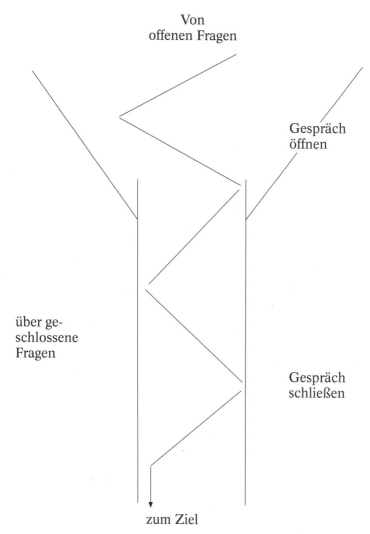

Der Fragetrichter – Fragen. Fragen? Fragen!... so kommen Sie zum Ziel!

5. Verkaufstechnik: Der ideale Gesprächsverlauf

andere nonverbale Signale liefern manchmal wertvolle Informationen, mittels derer Sie Ihre Bedarfsanalyse vervollkommnen können. So erfahren sie beispielsweise, ob Ihr Kunde an bestimmten Stellen des Gesprächs das Interesse zu verlieren droht oder im Gegenteil plötzlich aufmerksamer erscheint. Und auch, ob etwa zu angesprochenen Themen noch weiterer Informationsbedarf besteht, können Sie von ihm auf diese Weise gleichsam „zwischen den Zeilen" erfahren.

Erkundigen Sie sich bei Ihrem Gesprächspartner auch immer wieder nach dessen persönlicher Meinung zu den angesprochenen Themen. So zeigen Sie ihm, dass Sie an seinen Überzeugungen oder Ansichten interessiert sind („Was halten Sie davon?" „Klingt das für Sie interessant?"). Mit diesen „Fragen der Wertschätzung" fördern Sie aber nicht nur das Gesprächsklima, sondern erfahren zusätzlich noch vieles über Ihren Kunden, was Sie bisher vielleicht noch nicht wussten.

Tipp: Schreiben Sie einmal die von Ihnen häufig benutzten Bedarfsanalyse-Fragen auf. Sammeln Sie weitere Fragen aus Ihrer täglichen Berufspraxis – eventuell zusammen mit den Arbeitskollegen. Sie erhalten eine Art abrufbaren „Fragenkatalog", mit dem Sie sehr viel sicherer und schneller Kundenwünsche herausfiltern können. Sortieren Sie diese Fragen nach Gebieten und stellen Sie sie gut sichtbar auf Ihrem Schreibtisch auf. Vielleicht könnte sich diese Liste schon bei Ihrem nächsten Telefonat als nützliches Hilfsmittel erweisen!

Nachdem Sie nun auf diese Weise die Situation Ihres Gesprächspartners „erforscht" und seine Bedürfnisse kennen gelernt haben, beginnt die dritte Phase des Gesprächs.

Die Produktpräsentation: Vorteil-Nutzen-Argumentation

Bei der Produktpräsentation geht es vor allem darum, dem Kunden mit Hilfe der Vorteil-Nutzen-Argumentation den spezifischen Nutzen zu verdeutlichen, den er aus dem Kauf des von Ihnen angebotenen Produktes (bzw. der Dienstleistung) ziehen kann. Doch was bedeutet überhaupt Verkaufen? Ein guter Verkäufer stellt nicht nur ein Produkt vor, er versucht auch, durch gezieltes Fragen das Bedürfnis danach zu ergründen und zu wecken. Anschließend wird

Die Produktpräsentation: Vorteil-Nutzen-Argumentation

dann der Gesprächspartner motiviert, das Produkt oder die Dienstleistung zu kaufen.

Statt „motivieren" könnte ich ebenso „manipulieren" sagen, auch wenn das Wort einen seltsamen Beigeschmack hat. Jedes Verkaufsgespräch hat zum Ziel, die vorhandene Meinung eines Gesprächspartners dahin gehend zu verändern, dass er sich am Ende zum Kauf entschließt weil er vom Nutzen des Produktes oder der Dienstleistung ehrlich überzeugt ist. Sie werden sehr schnell merken, dass reine Sachargumente da wenig bewirken: „Dieser Staubsauger ist das neueste Modell der Firma XY." „Ja und?", wird sich der Kunde fragen, „Warum soll ich ihn kaufen? Nur weil er neu ist?" Verkaufsargumente müssen immer in einen Nutzwert für den Kunden übersetzt werden. Am besten, Sie haben stets genau die Frage im Hinterkopf, die sich auch Ihr Gesprächspartner stellt: „Was habe ich als Kunde von dem Kauf?" Bezogen auf das genannte Beispiel könnten Sie sagen: „Dieser Staubsauger ist das neueste Modell der Firma XY, im Gegensatz zum alten können Sie mit diesem sogar schonend Polster reinigen." Mit diesem Argument haben Sie nicht nur auf einen neuen, zusätzlichen Nutzen des Produkts hingewiesen, sondern Sie haben den Kunden – der das Produkt in Zukunft schließlich gebrauchen soll – in den Mittelpunkt Ihrer Ausführung gestellt.

Benutzen Sie zur Kauf-Motivation Einleitungsformulierungen wie:

- Das bedeutet für Sie ...
- Das gewährleistet Ihnen ...
- Dadurch erhalten Sie ...
- Ihr Vorteil dabei ist ...

Stellen wir uns ein weiteres Verkaufsgespräch vor: Sie möchten einen Rasenmäher verkaufen und Ihr Haupt-Verkaufsargument lautet: Mein Produkt ist äußerst energiesparend. Ein typischer Dialog könnte nun lauten: „Herr Hansen, Sie haben einen riesigen Garten, da könnte unser Produkt für Sie sehr nützlich sein. Schließlich spart die Maschine der Firma XY erhebliche Energiekosten. Sie werden sehen, über ein Jahr gerechnet kommt da eine beachtliche Summe zusammen! Geld, dass Sie für die geplanten Renovierungsarbeiten im Hause zur Verfügung hätten ..."

5. Verkaufstechnik: Der ideale Gesprächsverlauf

> Jeder Kunde verbindet mit einem Produkt bestimmte Nutzenvorstellungen, die ihn zum Kauf bewegen. Genau der Nutzen, den der potentielle Käufer durch den Erwerb eines Produktes erhält, muss im Verkaufsgespräch gezielt herausgestellt werden.

Es ist generell möglich, Produkte nach rein technischen Leistungsmerkmalen zu bewerten – man kommt jedoch nicht weit damit. Ein Auto ist, oberflächlich betrachtet, nichts weiter als eine Ansammlung von Metall, Kunststoff und einigen weiteren Materialien. Jemand hat sie nach einigermaßen sinnvollen technologischen Gesichtspunkten zusammengefügt, um einen Menschen von Punkt A nach Punkt B zu bringen. Soll das Auto nun aber verkauft werden, wird diese rein technische Betrachtungsweise eher sekundär. Warum? Mit dem Kauf eines bestimmten Produktes werden immer auch individuelle Wünsche und Bedürfnisse befriedigt. Seien es Träume von Freiheit und Ansehen oder auch profanere Wünsche nach Bequemlichkeit...

So sieht der eine Käufer in einem Auto ein Statussymbol und erhofft sich mit dessen Kauf einen erheblichen Prestigegewinn. Den anderen Kunden lässt das unberührt. Für ihn zählt: „Weil ich vier Kinder und zwei Hunde habe und oft Werkzeug transportieren muss, will ich Platz haben und besonders bequem und sicher vorwärts kommen." Ist für den einen also ein silbernes Coupé die Lösung, die ihm den Ausdruck seiner Lebenswünsche nach Individualität, Eleganz, Überlegenheit und Geschwindigkeit bieten kann, zählt für den anderen Kunden, dass sein Auto solide gebaut und geräumig sein soll; ein Kombi muss her.

Für uns bedeutet dies:

> Jedes Produkt hat aus Sicht des Kunden einen subjektiven Wert.
> Finden Sie die Wünsche und Vorstellungen heraus, die der Kunde mit dem jeweiligen Produkt verbindet!
> Womit? Mit den richtigen Fragen. Und mit aktivem Zuhören.

Für eine erfolgreiche Nutzen-Argumentation ist es unerlässlich, dass die Beziehungsebene stimmt. Gehen Sie auf die Welt Ihres Kunden ein, hören Sie heraus, wie und wo seine Vorstellungen befriedigt

Die Produktpräsentation: Vorteil-Nutzen-Argumentation

werden wollen – dann können Sie das Gespräch mit ihm auch erfolgreich lenken. Wie ich aber schon Eingangs sagte, macht es keinen Sinn, einem Kunden mit allerlei Raffinesse erfolgreich ein Produkt „aufzuschwatzen". Es ist sehr schwer, Kunden neu zu gewinnen, und ein derartiges Verhalten führt sicher nicht zu einer dauerhaften Kundenbindung, da es verhindert, dass Vertrauen entsteht.

Die Grafik macht deutlich, dass die Vorteil-Nutzen-Argumentation entscheidend für den Ausgang eines Gesprächs ist. Entweder Ihr Kunde springt auf den Zug auf oder Sie verlassen den Bahnhof ohne Passagier! Es gibt allerdings verschiedene „Nutzenarten". Drei

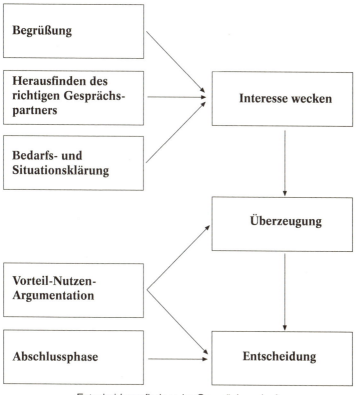

Entscheidungsfindung im Gesprächsverlauf

5. Verkaufstechnik: Der ideale Gesprächsverlauf

davon nehmen wir genauer unter die Lupe: Den Grundnutzen, den zusätzlichen Nutzen und den persönlichen Nutzen.

Der Grundnutzen

...betrifft die einfache Funktion eines Produktes.
Beispiel: Das Auto kommt mit Hilfe von vier Rädern und einem Motor von A nach B.

Der Zusatznutzen...

...ist oft von entscheidender Bedeutung und hat nichts mit der eigentlichen Funktion des Produktes zu tun. Bleiben wir bei dem Auto-Beispiel, zählt die Lackierung oder die Karosserieform zum Zusatznutzen. Es gilt die Faustregel: Je weniger ein Kunde den Grundnutzen des Produktes einschätzen kann, desto bedeutsamer wird der Zusatznutzen für eine positive Kaufentscheidung. Im Klartext: Wer weiß schon genau, was beispielsweise in einem Computer so alles passiert? Dennoch entscheidet man sich für ein ganz bestimmtes Gerät – obwohl es noch 50 andere Modelle gibt. Vielleicht, „...weil der Monitor so schön schwarz ist und genau zur Einrichtung passt..." Oder auch, „...weil bereits die starke Grafikkarte eingebaut ist, mit der die 3-D-Effekte der neuesten PC-Spiele so richtig gut laufen." In jedem Fall lohnt es sich also, den Zusatznutzen in den Vordergrund zu stellen. Merke: Der persönliche Nutzen ist Teil des Zusatznutzens.

Der persönliche Nutzen...

...betrifft sämtliche individuellen Erwartungen und Vorstellungen, die ein Kunde mit dem Kauf eines Produktes befriedigen möchte. Bei einem Auto könnte es sich um ein ausgeprägtes Sicherheitsdenken handeln, bei einem Computer um die einfache Bedienung und den guten Service des Händlers.

Sie werden bemerkt haben, dass beinahe sämtliche Motive, die einen Menschen schließlich zum Kauf eines Produktes veranlassen, im Bereich des Zusatznutzens liegen. Bei der Vorteil-Nutzen-Argumentation sollte also die reine Sach- und Produktinformation

Die Produktpräsentation: Vorteil-Nutzen-Argumentation

eindeutig die Nebenrolle spielen. Der Zusatznutzen (Gefühle, Befriedigung von Bedürfnissen, Überzeugungen) spielt dagegen die Hauptrolle.

> Nicht das neue Produkt, sondern die zu erwartende Problemlösung wird gekauft.
> Beispiel: Wer ein Medikament kauft, kauft das Wohlbefinden.

Ich fasse noch einmal zusammen: Durch die Vorteil-Nutzen-Argumentation werden spezielle Merkmale und Eigenschaften einer Dienstleistung oder eines Produkts hervorgehoben. Der Kunde soll so den individuellen Nutzen erkennen, den ein Kauf ihm einbringen wird. So werden seine Motive, das angebotene Produkt zu kaufen oder die Dienstleistung in Anspruch zu nehmen, gezielt aktiviert.

Wie wir gesehen haben, sind Nutzen und Kaufmotiv miteinander verknüpft. Jedem Kauf liegt ein Kaufmotiv zu Grunde. Es ist der Motor, dem Verkäufer oder Berater zuzuhören und schließlich Geld auszugeben. In uns Menschen schlummern zahlreiche Kaufmotive. Ein klassisches Kaufmotiv kann beispielsweise das Gewinnstreben sein, also der erhoffte Nutzen, mehr zu verdienen. Etwa durch den Kauf eines Mobiltelefons: Da man mobil stets erreichbar ist, gehen keine wichtigen Aufträge mehr verloren. Der Abschluss einer Kapitallebensversicherung bedeutet Sicherheit im Alter. Imagezuwachs, Gesundheit, Lebensfreude, Geltungsbedürfnis, Bequemlichkeit oder Arbeitserleichterung gehören zu den weiteren wichtigen Kaufmotiven. Das Sicherheitsbedürfnis ist jedoch das häufigste Kaufmotiv: Sicherheit bietet Schutz bei Gefahr. Wer seine persönliche Sicherheit erhöht, verspricht sich davon den elementaren Nutzen, fortdauernde Gesundheit und ein verbessertes Wohlbefinden genießen zu dürfen. „Füttern" Sie eines oder mehrere dieser Kaufmotive, werden Sie den Kunden viel leichter zum Kauf Ihres Produktes oder Ihrer Dienstleistung bewegen können.

Hier noch einmal die Kaufmotive im Überblick:

- Sicherheitsbedürfnis
- Gewinnstreben

5. Verkaufstechnik: Der ideale Gesprächsverlauf

- Gesundheit
- Imagezuwachs
- Bequemlichkeit
- Lebensfreude
- Geltungsbedürfnis
- Arbeitserleichterung

Natürlich verläuft kein Telefonat statisch nach „Schema F". Sowohl bei der Bedarfs- und Situationsklärung als auch bei der Vorteil-Nutzen-Argumentation wird es immer wieder zu Rückfragen kommen, die Sie dann mit wohlüberlegten Argumenten erörtern müssen. Doch nur wer bei der Bedarfsanalyse gut zugehört hat, kann später individuelle Wünsche und Vorstellungen in der Nutzenargumentation aufgreifen – um diese dann in Vorteile für den Kunden umzumünzen.

> Wichtig ist, dass die Situations- und Bedarfsklärung vor der ersten Vorteil-Nutzen-Argumentation liegt. Nur der Verkäufer, der bei der Situations- und Bedarfsklärung auch aktiv zugehört hat, kann das Gehörte anschließend in die Vorteil-Nutzen-Argumentation einfließen lassen. Das Resultat: Der Gesprächspartner fühlt sich bei Ihnen verstanden und gut aufgehoben.

Bevor wir zum nächsten Punkt – der richtigen Einwandbehandlung – kommen, möchte ich Ihnen noch die Antwort auf eine wichtige Frage geben, die mir in diesem Zusammenhang schon oft gestellt wurde: Was soll eigentlich beim Kunden passieren, während er die beschriebenen Gesprächsphasen durchläuft?

Hier ist das optimale Verkaufsgespräch mit optimaler Wirkung:

- Das Interesse des Kunden an einem Angebot wird durch Ihre Argumentation und die von Ihnen aufgebaute positive Beziehungsebene geweckt. Er vertraut Ihnen und kann sich vorstellen, dass das Produkt oder die Dienstleistung für ihn in Frage kommt.
- Der Kunde erkennt den echten Nutzen, den Ihre Offerte für ihn bedeutet und verlangt nach detaillierteren Informationen (Kosten, Einsatzmöglichkeiten, Lieferzeiten, etc.).
- Sie haben die Vorstellungskraft Ihres Gesprächspartners so aktiviert, dass er den Einsatz des Produktes oder der Dienstleistung bildlich vor Augen hat und den Nutzen/Vorteil „erlebt".

Die Produktpräsentation: Vorteil-Nutzen-Argumentation

- Anschließend kann er aus voller Überzeugung eine positive Entscheidung treffen (Terminvereinbarung oder Kauf).

Einwände sind das Salz in der Suppe

Kaum ein Verkaufsgespräch verläuft so glatt, wie ich es oben dargestellt habe. In der Realität haben Sie es als Verkäufer und Kundenserviceberater täglich mit vielen Arten von Einwänden zu tun. Typische Einwände hören sich so an: „Brauche ich nicht". „Keine Zeit". „Kann ich mir finanziell nicht leisten". „Das ist viel teuerer als bei...". Viele der Einwände, mit denen Sie immer wieder konfrontiert werden, scheinen ein konstruktives Gespräch schon unmöglich zu machen, bevor es eigentlich begonnen hat. Doch wir werden sehen, dass selbst die hartnäckigsten Einwände den Verkaufsabschluss keineswegs behindern müssen, sondern im Gegenteil als Herausforderung geradezu willkommen sein können.

Einwände sind das Salz in der Suppe.

In jeder Phase des Verkaufsgesprächs müssen Sie damit rechnen, dass Einwände kommen. Bei der Begrüßung, der Bedarfsanalyse, der Produktpräsentation, ja selbst während der Abschlussphase. Aus diesem Grunde tun Sie sich selbst einen Gefallen, wenn Sie bei jedem Telefonat die Einwände gleich mit einkalkulieren. Seien Sie vorbereitet! Für den erfahrenen Verkäufer fängt das Verkaufsgespräch mit den Einwänden erst richtig an! Schließlich sagt jeder Einwand etwas über die Wünsche aus, die der Kunde hat. Und haben Sie als Verkäufer erst heraus gehört, welches Bedürfnis einem Einwand zu Grunde liegt, können Sie die Einwände „behandeln" und mit den passenden Argumenten gezielt aus dem Weg räumen.

Daher gilt: Kundeneinwände nicht abschmettern oder widerlegen, sondern ernst nehmen und behandeln! Jeder Einwand verrät etwas über die Wünsche des Kunden.

Fühlen Sie sich durch Einwände nicht persönlich angegriffen, bleiben Sie ruhig und gelassen. Und hören Sie aufmerksam zu, bis der Kunde ausgeredet hat.

5. Verkaufstechnik: Der ideale Gesprächsverlauf

Generell gibt es zwei Arten von Einwänden:

Einwände auf der Beziehungsebene und Einwände auf der Sachebene.

Verhält sich der Gesprächsteilnehmer insgesamt verschlossen und ablehnend, so ist der zwischenmenschliche Bereich, der Kontakt, gestört. Sie können dann vieles versuchen, doch auch die konstruktivsten Taktiken führen nun kaum noch zum Ziel. In diesem Fall lassen sich Einwände nicht mehr mit einer stürmischen Vorteil-Nutzen-Argumentation unter den Teppich kehren. Zuerst muss die Beziehungsebene verbessert und unterschwellige Bedürfnisse und Widerstände erforscht werden.

Einwände auf der Sachebene sind dagegen wahre Herausforderungen an die Kommunikations-Fähigkeiten des Verkäufers! Mittels zielorientierter Gesprächsführung (u. a. den richtigen Fragetechniken!) können Sie herausfinden, wo der Kunde noch eine Wissenslücke hat oder an welcher Stelle Sie ihn noch nicht hundertprozentig zufrieden gestellt haben. Denn...

> ...meist sind Kundeneinwände versteckte Fragen nach mehr Information!

Kundeneinwände entstehen...

...oft aus einer allgemeinen Verunsicherung heraus

...weil der Kunde Sie oder Ihr Wissen auf die Probe stellen will

...weil der Kunde keinen Bedarf/Vorteil/Nutzen sieht

...wenn der Kunde schlechte Erfahrungen mit dem Angebot gemacht hat

...aus einem Geltungsbedürfnis heraus, der Kunde möchte sich profilieren und von Ihnen als fachkundiger Gesprächspartner behandelt werden

...wenn der Kunde andere Erwartungen an das Angebot hat

...wenn der Kunde zu wenig Kenntnis und Erfahrung im Zusammenhang mit dem Angebot hat

...wenn der Kunde seine Erwartungshaltung bei einem anderen Unternehmen besser erfüllt glaubt

...weil der Kunde Sie loswerden will, aber Angst hat, Ihnen eine direkte Absage zu erteilen

...weil er einfach das Produkt nicht kaufen möchte, seinem subjektiven Empfinden oder objektiven Tatsachen folgend

Die Produktpräsentation: Vorteil-Nutzen-Argumentation

Selbst wenn Sie den einen oder anderen Grund für die Einwände Ihres Kunden schon zu kennen glauben, sollten Sie sich zunächst keinesfalls zu sicher sein, warum genau er letztlich seine Zweifel und Einwände eingebracht hat. Zweifel entstehen ganz im Verborgenen, sie sind Früchte des Unbewussten und manchmal wissen wir Menschen selbst am wenigsten, warum wir zögern. Aber wenn der Kunde es selbst nicht weiß, wie sollen *Sie* es dann herausfinden, werden Sie sich fragen. Mit der richtigen Gesprächsführung, lautet die Antwort.

Bei der Behandlung von Einwänden ist das gesamte Know-how gefragt, welches Sie sich während der Lektüre der vorangegangenen Seiten haben aneignen können. Gerade in den heiklen Momenten von Kundengesprächen zeigt es sich, wie erstaunlich wirkungsvoll viele der Tipps und Tricks in der Praxis tatsächlich sein können. Natürlich macht auch hier die Übung den Meister. Aber vielleicht blättern Sie zunächst noch einmal in diesem Buch zurück, beispielsweise zu den Abschnitten über die „Königsdisziplin" der Gesprächsführung: die Fragetechnik. Vor allem auf die Grafik „Der Frage-Trichter" (Seite 77) möchte ich dabei erneut Ihre Aufmerksamkeit lenken. Natürlich kommen beim Thema Einwandbehandlung auch alle anderen Aspekte der richtigen Gesprächsführung zum Tragen: Von den goldenen Regeln für eine lebendige Rhetorik über die verbalen Bonbons bis hin zu den Tipps, die ich Ihnen im Zusammenhang mit Reklamationen gegeben habe.

Doch wie gesagt, zunächst kommt es darauf an, einen Einwand richtig einzuordnen. Dafür müssen Sie den *exakten* Grund gar nicht sofort wissen. Denn schon, wenn Sie erkannt haben, aus welcher *grundsätzlichen Haltung* heraus der Einwand vorgebracht wurde, sind Sie wieder in der Lage, das Gespräch mittels entsprechender Fragen in eine gewünschte Richtung zu lenken.

Wenn Sie schließlich der Meinung sind, die genauen Gründe für die Verweigerung oder den Einwand heraus gefunden zu haben, können Sie über Ihre weitere Vorgehensweise entscheiden: die Bedenken im konstruktiven Gespräch zu thematisieren und auszuräumen – oder das Telefonat zu beenden. Denn auch diese Entscheidung kann, wie wir noch sehen werden, die richtige sein.

Diese kurze Zusammenstellung und das folgende Beispiel sollen die Bedeutung der *Motive* von Einwänden verdeutlichen:

5. Verkaufstechnik: Der ideale Gesprächsverlauf

Hinter Einwänden verstecken sich manchmal...

...**Vorwände,** um nicht tiefer in das Gespräch eindringen zu müssen. Gründe können Angst oder negative Gefühle sein. Möglicherweise ist der Angerufene auch verunsichert, weil er manipulative Gesprächstechniken vermutet.

...**Taktiken.** Vielleicht will der Gesprächspartner durch Äußerungen wie „Das ist mir aber viel zu teuer", eine bessere Verhandlungsposition erreichen. Oder er will erst einmal prüfen, ob der Verkäufer überhaupt in der Lage ist, mit Gegenwehr klar zu kommen.

...**eine falsche Einschätzung der Lage.** Der Angerufene hat ein „falsches Empfinden", weil ihm über das Produkt noch Informationen fehlen. In diesem Fall haben wir ihm nicht deutlich genug gemacht, welchen Vorteil und Nutzen unser Produkt oder unsere Dienstleistung für den Kunden bringen kann.

...**Bedenken,** durch Manipulation „über den Tisch gezogen" zu werden.

...schlicht und ergreifend **die Wahrheit.**

Beispiel: Ein verärgerter Kunde ruft bei Ihnen an und sagt, er habe auf Ihren Rat vor kurzem eine Lebensversicherung abgeschlossen – in der Annahme, sie werde demnächst besteuert. Nun sei das geplante Gesetz zur Besteuerung allerdings nicht in Kraft getreten... Kurz und gut: Da er ihren Sinn nicht mehr sehe, würde er von der Lebensversicherung gern sofort zurücktreten.

Hier handelt es sich um einen massiven Einwand, der das anberaumte Geschäft scheinbar unmöglich macht. Ziehen Sie sich an dieser Stelle jedoch auf den – rein rechtlich vielleicht sogar korrekten – Standpunkt zurück: „Aber Herr Schmidt, Sie haben nun mal unterschrieben, jetzt können wir da nichts mehr machen...", so haben Sie unter Garantie einen noch ärgerlicheren Kunden am anderen Ende der Leitung. Ich möchte wetten: So wird weder dieser Vertrag noch irgend ein weiterer mit Herrn Schmidt je zustande kommen. Ihnen liegt aber natürlich daran, dass der Kunde weiterhin zufrieden ist.

Die Analyse des vorgebrachten Einwands bringt Klarheit über das weitere Vorgehen. Tatsächlich vermischen sich im Beispiel gleich mehrere der oben genannten Motive: Zunächst entspricht es natürlich der **Wahrheit,** dass sich die Ausgangslage für den Abschluss des Vertrages geändert hat. Daher resultieren wohl auch die unterschwelligen **Manipulations-Bedenken** des Kunden. Doch auch eine

Die Produktpräsentation: Vorteil-Nutzen-Argumentation

falsche Einschätzung der Lage liegt vor, denn die bevorstehende Besteuerung war sicher nicht der einzige Grund für die Unterschrift unter die Lebensversicherung. Und genau hier können Sie nun ansetzen:

Nehmen wir mal an, Sie wissen, dass das Haupt-Motiv Ihres Kunden, diese Lebensversicherung abzuschließen, der Gedanke an die Altersversorgung war – neben der Hoffnung auf Anlagegewinne natürlich. Ausschlaggebend war also sein Sicherheitsdenken. Stellen Sie diese ursprünglichen Kaufmotive wieder in den Vordergrund. Weisen Sie Ihren Kunden auf die Vorteile und den Nutzen hin, den er trotz der nicht eingetretenen Gesetzessituation heute aus dem Abschluss zieht und in Zukunft weiter ziehen wird. **Beispiel:** „Sie wissen doch Herr Schmidt, wir haben das Angebot speziell nach Ihren Wünschen gestaltet. Das Geld in dem Depot der Lebensversicherung wird äußerst gut angelegt. Sie erhalten jährlich eine Rendite von... Das ist weit mehr als auf Ihrem Girokonto/Sparkonto." Oder: „Ihnen war es doch wichtig, beruhigt in die Zukunft sehen zu können. Natürlich können wir in fünf Jahren – wenn Sie dann wollen – die Versicherung sofort auflösen. Aber meines Erachtens ist sie derzeit eine der besten Altersvorsorge-Möglichkeiten. Zudem müssen Sie die Gewinne aus dem Depot nicht versteuern, da wir das Geld in Aktien anlegen! Wussten Sie das?"

Besonders die letzte Frage lenkt den Kunden von den negativen Aspekten und seinen skeptischen Gefühlen ab und veranschaulicht ihm stattdessen den positiven Nutzen (Rendite). Mehr noch: Sie betonen sogar einen Zusatznutzen (Gewinne müssen nicht versteuert werden). So kommt auch die emotionale Ebene (sein Sicherheitsbedürfnis) nicht zu kurz. Der Ärger und Frust des Kunden wurde von Ihnen „umgelenkt", er fühlt sich trotz Einwand ernst genommen und gut beraten. Kurzum: Sie haben ihm erneut klar machen können, dass er mit der Versicherung nichts falsch gemacht hat. Im Gegenteil, er hat Gewinne durch sie.

Nun könnte man einwenden, dass das eigentliche Anliegen des Einwandes, nämlich die ausgebliebenen Steuergesetze, komplett ausgeklammert wurde. Schließlich sind Sie auf dieses Thema gar nicht eingegangen! Und tatsächlich, das „Ignorieren" ist eine von mehreren Techniken, die erfolgversprechend sind, wenn ein Kunde

5. Verkaufstechnik: Der ideale Gesprächsverlauf

Skepsis oder Widerstände zeigt. Achten Sie jedoch unbedingt darauf, dass der zunächst „ignorierte" Einwand an späterer Stelle von Ihnen erneut angesprochen wird – sofern er nicht im Verlauf des Gesprächs bereits durch andere Argumente entkräftet wurde. So stellen Sie sicher, dass Sie am Ende ein gutes und einvernehmliches Gesprächsziel erreichen werden. Zu allererst aber ist es bei jeder Art der aktiven Einwandbehandlung wichtig, mit dem Kunden im Gespräch zu bleiben. Nur so gewinnen Sie Zeit und können durch genaues Hinhören und gezielte Fragen genaueres über die Bedürfnisse, die Befindlichkeit oder die Ängste des Kunden erfahren. Sagt der Kunde etwa in einem Beratungsgespräch zu einem Ihrer Angebote, „Die Reise ist mir zu teuer!" wären Sie ein schlechter Verkäufer, wenn Ihre Antwort „Schade" lautete. Ein guter Verkäufer fasst nach, findet heraus, was hinter dem Einwand steckt, und sagt dann beispielsweise: „Oh, vorhin hatten Sie doch geäußert, dass Sie es im Urlaub gern luxuriös haben. Doch wenn Sie die Golfplätze dieser Clubanlage sowieso nicht nutzen werden, kann ich Ihnen ein etwas günstigeres Sporthotel mit diversen gepflegten Tennisplätzen anbieten."

Ein weiteres Beispiel: Sie haben einem Kunden ein Angebot gemacht, prinzipiell war er einverstanden, bat jedoch noch um Bedenkzeit. Beim vereinbarten Telefonat eine Woche später bringt er plötzlich jede Menge Einwände vor. Lassen Sie sich auch von dieser veränderten Situation nicht entmutigen, sondern sehen Sie sie als Chance. Nehmen Sie sich die Zeit und arbeiten Sie erneut heraus, was dem Kunden eine Woche zuvor an dem Angebot fasziniert hatte. Versorgen Sie ihn mit neuen Informationen, selbst wenn er sagt: „Ich glaube, ich habe keinen Bedarf". Das Spiel mit erneuten Angeboten und zusätzlichen Informationen hat natürlich Grenzen – als erfahrener Verkäufer werden auch Sie spüren, wann ein Telefonat fruchtlos ist. Beharrlichkeit ist Gold wert, sie kann aber auch penetrant wirken. Wie immer ist auch hier der „Mittelweg" gefragt.

Neben übertriebener Hartnäckigkeit gibt es weitere häufig begangene Fehler bei der Einwandbehandlung, die ich in folgender Liste für Sie zusammen gestellt habe. Mit ein bisschen Übung werden Sie diese Verhaltensweisen jedoch sicher vermeiden können.

Die klassischen Fehler bei der Einwandbehandlung:

- **Beharrliches Widersprechen.** Widersprechen erzeugt Druck und Druck erzeugt immer nur Gegendruck („Das kann nicht sein...", „Das habe ich noch nie gehört")
- **Rechtfertigungen.** Es ist sinnlos, sich bei Widerständen rechtfertigen zu wollen. Da greift das Sprichwort: „Wer sich rechtfertigt, klagt sich an" („Das machen wir doch nur, um...")
- **Die Einstellung des Gesprächsteilnehmers abwerten.** Das führt zu Widerständen und der Kunde wird das Gespräch so schnell wie möglich beenden wollen („Wer hat Ihnen denn das erzählt?", „Das ist wohl kaum der richtige Ansatz...")
- **Belehrungen.** Niemand läßt sich gern belehren. Zudem gilt die Regel „Fachidiot schlägt Kunden tot" („Also an Ihrer Stelle würde ich...", „Das sieht viel besser aus...")
- **Generelles Rechtgeben.** Reden Sie dem Kunden nach dem Mund, bekommt er das Gefühl, Sie können Ihre Position nicht vertreten. Sie verlieren an Glaubwürdigkeit („Sie haben völlig recht, das habe ich noch gar nicht bedacht...")

Wer diese Fehler nicht mehr begeht, befindet sich schon auf dem besten Wege, Einwände erfolgreich aufgreifen und argumentativ behandeln zu können. Hier nun eine Beschreibung der bewährtesten Fertigkeiten für diese „hohe Kunst" der Einwandbehandlung:

Techniken zur Einwandbehandlung

Die wichtigsten Einwände vorwegnehmen:

Nehmen Sie Einwände, die Sie schon im Vorfelde erahnen, vorweg. Das entkräftet die Argumente Ihres Kunden. Beispielformulierungen: „Nun könnten Sie denken, dass..." oder „Eine berechtigte Frage wäre an dieser Stelle...", „Man könnte der Überzeugung sein..." Diese Technik hat für Sie einen Vorteil: Sie haben die Möglichkeit, die Aufmerksamkeit des Kunden auf einen anderen, positiven Aspekt des Angebots zu lenken, auf einen Punkt also, der ihm eventuell sogar Nutzen bringt. „Ich weiß, dass die meisten Kunden das zunächst teuer finden, doch bedenken Sie einmal folgendes..." Dabei gibt es zwei Vorteile: Erstens können Sie anschließend Ihr

5. Verkaufstechnik: Der ideale Gesprächsverlauf

Gesprächskonzept weiter verfolgen. Zweitens wirkt die Vorwegnahme von Einwänden auf den Kunden psychologisch entwaffnend, weil er merkt, dass Sie sich in seine Bedenken und Sorgen hineinversetzt haben. Die Konsequenz: Vielleicht wird er Ihnen anschließend umso aufmerksamer Gehör schenken.

Einen Einwand beiseite schieben, zurück stellen oder ignorieren

Wenn Sie merken, dass Sie einen Einwand Ihres Kunden ad hoc nicht entkräftigen können, schieben Sie den Einwand einfach beiseite – aber ohne diesen inhaltlich abzuwerten! Beispiel: „Mal abgesehen davon", „Unabhängig davon..." sagt ein Kunde: „Das ist mir viel zu teuer!", so könnten Sie antworten: „Schade, aber einmal abgesehen davon, dass das nicht ganz billig ist – was interessiert Sie an unserem Produkt? Was gefällt Ihnen?" Auch hier wird die Aufmerksamkeit des Kunden auf positivere Aspekte gelenkt, Sie erhalten die Möglichkeit, ihn auf andere Art zum Kauf zu motivieren. Passt ein Einwand gerade gar nicht in Ihr Gesprächskonzept, können Sie ihn auch ganz „offiziell" zurückstellen. Fragen Sie den Kunden dabei, ob dieses Vorgehen für ihn in Ordnung ist. Beispiel: „Herr Schulz, das ist natürlich ein wichtiger Punkt. Darf ich später darauf eingehen?" Wenn sich aus dem Gesprächsverlauf die Notwendigkeit dafür erübrigt, ist es legitim, den Einwand nicht mehr aufzugreifen. Doch auch wenn der Einwand später wieder zur Sprache kommt, wird es Ihnen mit den in der Zwischenzeit gewonnenen Informationen leichter fallen, die Bedenken des Kunden in seinem Sinne auszuräumen.

Bumerang-Technik

Bei dieser Art der Einwandbehandlung geben Sie den Einwand an den Kunden zurück. **Beispiel:** Auf den Einwand „Der Schreibtisch gefällt mir nicht, er passt nicht zu meinen Bücherregalen!", könnten Sie erwidern „Inwiefern nicht? Können Sie das genauer erläutern?" Damit erfragen Sie nicht nur weitere Informationen, Sie gewinnen auch die Zeit, angemessene neue Argumente zu sammeln. Zum **Beispiel:** „Der Stilmix von modernen und klassischen Elementen würde Ihrem neuen Büro eine sehr individuelle Note verleihen. Das ist ja der Clou!" Damit ziehen Sie die Meinung Ihres Gesprächspartners nicht direkt in Zweifel, schwächen aber gleichzeitig seinen Einwand ab. Diese Methode hat zum Vorteil, dass Sie den Kunden als Partner behandeln. Sie hören ihm zu und nehmen anschließend seine Perspektive mit in Ihre Gegenfrage oder Antwort auf. Auch möglich ist, den Einwand des Kunden aufzunehmen und ihn in positiver, lösungsorientierter Formulierung zu bestätigen. **Beispiel:** „Genau deshalb..., Gerade weil..., Genau aus diesem Grund...werden Ihre Bücherregale in völlig neuem Licht erscheinen!"

Die Iso-Technik

Es gibt Kunden, die am laufenden Band Einwände produzieren. Würden Sie auf jeden Einwand in aller Ausführlichkeit eingehen, wären Sie unablässig mit dem Ausräumen der Bedenken und mit den damit verbundenen negativen Gedanken beschäftigt. Die Folge: Sie kämen überhaupt nicht dazu, Ihr Angebot in angemessener Weise darzustellen. Was also tun? Greifen Sie einen der vielen Einwände des Gesprächspartners gezielt heraus. Wählen Sie den Punkt, von dem Sie meinen, er wäre dem Kunden am wichtigsten – und von dem seine Kaufentscheidung maßgeblich abhängt – und „isolieren" Sie diesen Einwand: Wiederholen Sie den Punkt in den Worten Ihres Kunden („Sie sagen, dass..."), und erörtern Sie dann mit ihm gemeinsam die Fragen, die dieser eine Aspekt aufwirft. Sie werden sehen, sobald hier eine einvernehmliche Lösung gefunden wurde, wird Ihr Gesprächspartner auch seine anderen Bedenken bereitwilliger hinten anstellen. Ebenso können Sie mehrere Einwände Ihres Kunden in einem Satz zusammen fassen und dann als Ganzes ansprechen. Beispiel: „Ich verstehe Sie insgesamt so, dass...", „Sie meinen sicher, dass...". Folgende Formulierungen runden die Einwandbehandlung per Iso-Technik ab: „Nun sind ja Ihre Bedenken zerstreut...", oder „Wir haben damit die Hauptfrage gelöst...".

Die Hypothese-Technik

Bei dieser Methode geht es darum, den Kunden zu einem Perspektivwechsel zu veranlassen und seine Aufmerksamkeit auf weitere Möglichkeiten zu lenken, bzw. den Einwand auch unter anderen Aspekten zu beleuchten. Wie das? Er sagt: „Ich brauche den von Ihnen angebotenen Computer-Kurs nicht." Jetzt fordern sie ihn auf, sich hypothetisch eine bestimmte Situation vorzustellen, in der Ihr Produkt für ihn von Nutzen sein könnte, daher der Begriff Hypo-Technik. Anders gesagt: Sie laden ihn zu einer Fantasie-Reise ein. „Nehmen wir einmal an, ihre Firma erweitert ihr Computer-System...wäre es dann nicht interessant, unsere Schulungsinformationen bereit liegen zu haben?" Hier noch ein paar weitere Formulierungen für die Einwandbehandlung mit der Hypothese-Technik: „Mal angenommen...", „Wenn es sich herausstellen würde...", „Stellen Sie sich vor, dass...".

Die Plus-Minus-Technik

Häufig sind Kundeneinwände natürlich vollkommen berechtigt. Kein Produkt und keine Dienstleistung kann absolut perfekt und zugleich noch auf jeden Kunden hundertprozentig genau zugeschnitten sein. Zu der Plus-Minus-Technik gehört, dass angesprochene Nachteile oder Mängel des Angebots oder Produktes zunächst freimütig zugegeben werden. Dann aber werden Sie in Vorteile, bzw. Pluspunkte umgedeutet. **Beispiel:** Ein Kunde sagt: „Aber dieses Auto der Firma XY hat ja keinen automatischen Fensterheber!" Sie könnten daraufhin sagen: „Sie haben recht, aber bedenken Sie: Damit haben Sie auch ein technisches Detail weniger, das kaputt gehen kann." Aus dem Mangel wird ein Nutzen für den Kunden. Aus dem Minus ein Plus. Auch gibt es die Möglichkeit, durch eine bestimmte Fragetechnik Kundeneinwände „sanft" umzudeuten. Diese Methode ist der Plus-Minus-Methode verwandt und heißt Umdeut- und Vorteilsmethode. Und so funktioniert's: Sie filtern aus den eingewandten Argumenten Ihres Gesprächspartners einfach das heraus, was für Sie am vorteilhaftesten ist. Beispielformulierungen: „Meinen sie damit...?, „Darf ich Sie so verstehen...", „Wollen Sie damit sagen...?" Diese Methode wird auch Vorteil-Nutzen-Methode genannt, da Sie auch hier die Möglichkeit haben, aus dem Einwand einen Nutzen für den Kunden heraus zu kristallisieren: „Ich sehe die Nachteile, aber Sie haben mit diesem Produkt die Möglichkeiten…". Oder: „Andererseits sparen Sie…".

Kurz und knapp: 10 Regeln zur Einwandbehandlung

(1) Fühlen Sie sich durch die Äußerungen des Kunden nicht persönlich angegriffen. Bewahren Sie Ruhe, Einwände sind sicher kein Grund für Streit.

(2) Hören Sie erst einmal aufmerksam und aktiv zu. Lassen Sie den Kunden sprechen. Einwände sind die normalste Sache der Welt.

(3) Akzeptieren Sie die Einwände und den Standpunkt Ihres Kunden – auch wenn Sie die Sachlage anders bewerten. Einwände müssen sehr ernst genommen werden.

(4) Erfragen Sie Gegenvorschläge. Damit holen Sie den Kunden aus seinen negativen Gedanken heraus und motivieren ihn zudem, seine Einwände selbst zu entkräften.

(5) Wiederholen Sie den Einwand in den Worten des Gesprächspartners, um sich abzusichern, dass Sie ihn auch richtig verstanden haben.

(6) Verwenden Sie dabei nicht exakt dessen eigene Worte. Sie können den Einwand abschwächen. Die Aussage: „Dafür hab ich kein Geld!", können Sie beispielsweise umformulieren zu: „Ich verstehe, wenn Sie sagen, dass Sie dafür nur wenig Geld haben…"

(7) War der Einwand wichtig, greifen Sie ihn unbedingt wieder auf, falls das Gespräch zwischenzeitlich in eine andere Richtung ging.

(8) Durch Gegenfragen („Wie meinen Sie das…?", „Glauben Sie wirklich…?") erhalten Sie Informationen, die sie später für die Nutzen-Argumentation wieder aufgreifen können. Sie bringen den Kunden zum Präzisieren seines Einwands und können dadurch später ebenso präzise gegensteuern.

(9) Wenn auf der Beziehungsebene alles geklärt ist, lenken Sie das Gespräch so bald wie möglich auf die Sachebene, gehen Sie verstärkt auf die sachlichen Inhalte ein.

(10) Geben Sie ehrlich zu, wenn der Kunde mit seinem Einwand recht hat.

Konflikte sind Chancen, wenn Sie denn kreativ behandelt werden. Führen wir uns an dieser Stelle nochmals unser Kommunikationsmodell vor Augen (siehe Grafik Seite 12), so erkennen wir: Auch und gerade Einwände sind immer stark von der emotionalen Ebene

5. Verkaufstechnik: Der ideale Gesprächsverlauf

geprägt. Wer einen Einwand hört, sollte zwischen dem sachlichen Widerstand, der durchaus nachvollziehbar sein kann, und den unterschwelligen, emotionalen Inhalten, die ein Gesprächspartner unter Umständen ausdrücken will, unterscheiden. Erst wenn die Beziehungsebene harmonisch ist, kann der Einwand des Kunden spürbar und dauerhaft beseitigt werden. Die Beziehungsebene ist weit wichtiger als die Sachebene.

Für wirklich massive Einwände gilt allerdings auch dies: Geht Ihr Gesprächspartner auch bei Ihrem zweiten, sorgfältigen Versuch, seinen Einwand zu entkräften, überhaupt nicht auf Sie ein, sollten Sie das Gespräch an dieser Stelle freundlich beenden. Zu einem guten Verkäufer gehört auch das Gespür, wann mit seriösen Mitteln nicht mehr weiterzukommen ist. Und die Einstellung: Man kann nicht jeden überzeugen. Denn auch die oben genannten Tipps können keine Patentrezepte sein. *Die* unfehlbare Technik zur Einwandbehandlung ist noch nicht erfunden. Daher an dieser Stelle einige Gedanken zu möglichen „Fehlschlägen", die in Ihrem Geschäft nun mal auch dazu gehören.

Lassen Sie sich von „Nichtverkäufen" nicht demotivieren!

Leichter gesagt als getan. Von Kindesbeinen an haben wir das Leistungsprinzip „Erfolg bringt Lob" mitbekommen. Man könnte fast meinen, das ganze Leben funktioniere so. In der Schule bekommen wir gute Noten, wenn wir genug lernen, am Arbeitsplatz zählt: Wer sich profiliert, klettert eine Stufe auf der Karriereleiter nach oben. Misserfolge haben da keinen Platz. Und dennoch werden Sie feststellen, dass das Leben so nicht funktioniert. Da gibt es permanente Ups und Downs. Eine Binsenweisheit, sicher, doch: Auf Regen folgt Sonne, Licht erzeugt Schatten, auf Tag folgt Nacht. Und ebenso stellt sich nach einem Misserfolg der Erfolg wieder ein. Vertrauen Sie auf sich selbst. Aus Fehlern lernt man. Anstatt zerknirscht zu sein, wenn ein Gespräch nicht zu Ihrer Zufriedenheit gelaufen ist, könnten Sie es lieber systematisch analysieren: Warum verlief es so? Und warum nicht anders?

Nehmen wir jedoch einmal an, dass sich das Gespräch über die Klippe der Einwände hinaus entwickelt hat. Dann tritt es jetzt in die Phase der Entscheidungsfindung.

Entscheidungsfindung: Das Gewinner-Team

Wenn Menschen miteinander sprechen, treffen Welten aufeinander. Verschiedene Interessen, Einstellungen, Überzeugungen, Geschmäcker. Und dennoch – oder gerade deswegen – haben Sie die Chance, eventuell auftauchende Konflikte zur Zufriedenheit für beide Seiten zu lösen! Wenn möglich, machen Sie beide Beteiligten zu Gewinnern. Wie das funktioniert? Verknüpfen Sie Ihre Ziele mit denen des Kunden und versuchen Sie, beide unter einen Hut zu bringen.

Der Kunde darf sich nicht übertölpelt, also als Verlierer fühlen. Es kommt auf Sie an, dass er sich mit der Entscheidung, ein Produkt zu kaufen oder eine Dienstleistung in Anspruch zu nehmen, auch wohl fühlt. Hier sind Sie gefordert, den Weg zu finden, der auf längere Sicht für beide Seiten der beste ist. Schließlich geht es primär darum, eine Kundenbindung herzustellen. Ich möchte Ihnen ein Beispiel geben, dass auf viele Bereiche anwendbar ist: Eine Kundin zögert beim Kauf einer gelben Bluse. Immer wieder sagt sie: „Eigentlich habe ich nur Schwarz im Kleiderschrank, das lässt sich miteinander so schlecht kombinieren." Überzeugen Sie Ihre Kundin nun für den Moment wortreich davon, dass Gelb und Schwarz eine erstklassige Farbkombination ist, wird Sie vielleicht die Bluse kaufen, drei Tage später aber schon wieder Zweifel haben, ob das die richtige Entscheidung war und die Bluse womöglich nie wieder tragen.

In diesem Fall stehen beide Seiten als Verlierer da: Die Kundin ist unzufrieden und wird Ihnen die Unzufriedenheit ankreiden. Und Sie haben zwar etwas verkauft, auf lange Sicht aber eine Kundin verloren. Ein Kunde, der dagegen feststellt, dass es Ihnen wirklich um seine Bedürfnisse geht, wird sich „gut aufgehoben fühlen" und wieder bei Ihnen kaufen. Selbst wenn Sie ihm für dieses Mal abraten. Doch für den Moment ist er zufrieden und fühlt sich als Gewinner. Gehen Sie einen Weg, der für beide Seiten Gewinne bereit hält!

5. Verkaufstechnik: Der ideale Gesprächsverlauf

> Das Hauptziel für das nächste Kapitel vorweg: Egal, wie das Gespräch gelaufen ist gehen Sie kundenorientiert aus dem Telefonat heraus.

Die Abschlussphase: Zielvereinbarung, Zusammenfassung, Abschlussfrage, Verabschiedung

Die Abschlussphase eines gut strukturierten Telefongesprächs verläuft idealerweise in vier Etappen:

1. Zielvereinbarung/Aktionsplan
2. Zusammenfassung
3. Abschlussfrage
4. Verabschiedung

- **Zielvereinbarung/Aktionsplan:** Ist es Ihnen gelungen, Ihren Gesprächspartner von einem Termin oder einem Kauf zu überzeugen, sollten nun noch einmal die Hauptgesprächsinhalte „festgeklopft" und ein kurzer Plan für die Zukunft formuliert werden. Zunächst sollten Sie gemeinsam mit dem Gesprächspartner die weitere Vorgehensweise absprechen: Wann und von wem erfolgt der nächste Anruf? Welche Termine haben wir vereinbart? Wann werden die Produkte versandt? Müssen Termine weitergegeben werden? Wie sieht die weitere Aufgabenverteilung genau aus? Wer tut was wann wo?
- **Zusammenfassung:** Bei längeren Gesprächen ist es sinnvoll, Ergebnisse zusammenzufassen, um sicherzustellen, dass beide Seiten die Sachverhalte richtig und einvernehmlich verstanden haben.
- **Abschlussfrage:** Um dem Gesprächspartner abschließend die Möglichkeit zu geben, noch etwas zu erfahren, folgt die Abschlussfrage.

> Eine gute Methode, ein Gespräch zu beenden, ist die geschlossene Frage: „Kann ich denn sonst noch etwas für Sie tun?" Bei dieser Frage hat der Gesprächspartner durch seine Antwort das Gefühl, er setzt den Schlußpunkt im Gespräch.

Die Abschlussphase

Hat Ihr Gesprächspartner tatsächlich noch etwas auf dem Herzen, hat er jetzt die Gelegenheit, es Ihnen mitzuteilen. Darauf folgt die Verabschiedung.

- **Verabschiedung:** Die Verabschiedung erfolgt dann in jedem Falle freundlich, je nach Gespräch auch verbindlich – ganz egal, wie der Gesprächsverlauf war!

6. Die wichtigsten Telefon-Tipps und -Tricks in aller Kürze

Es ist mir wichtig, dass Sie die vielen Anregungen und Ratschläge, die ich Ihnen in diesem Buch geben durfte, nicht als starre Vorgaben verstehen. Ich hoffe dagegen, dass ich Ihnen ein solides Fundament mit auf den Weg geben konnte, welches Ihnen noch mehr Sicherheit und Selbstvertrauen im Umgang mit Ihren Kunden verleiht.

Die folgenden 25 Tipps und Anregungen für erfolgreiches Telefonieren fassen die wichtigsten Punkte noch einmal zusammen und sind vor allem denen gewidmet, die dieses Buch zu einem späteren Zeitpunkt noch einmal zur Hand nehmen.

25 Tipps und Anregungen für ein erfolgreiches Telefonat

1. **Die Stimme:** Sprechen Sie nicht monoton. Heben und senken Sie Ihre Stimme.
2. **Sprechgeschwindigkeit:** Passen Sie Ihr Tempo „in Maßen" Ihrem Gesprächspartner an.
3. **Lautstärke:** Sprechen Sie in normaler Zimmerlautstärke.
4. **Nutzen Sie Ihre Gestik:** Gestik unterstützt die Wortfindung.
5. **Lächeln Sie, während Sie sprechen:** Lassen Sie Ihre Stimme freundlich, optimistisch und engagiert klingen. Achten Sie dabei auf Ihre Körperhaltung. Auch durchs Telefon ist zu hören, wie Sie sitzen!
6. **Vermeiden Sie zu lange Sätze:** Allgemein gilt: Nicht mehr als 5 -7 Sätze, dann sollte eine Rückfrage an den zuhörenden Gesprächspartner erfolgen. Vor allem bei Aufzählungen ist es ratsam, langsam zu sprechen. Ihr Partner kann Ihnen am Stück durchschnittlich nur ca. 50 Sekunden zuhören!
7. **Machen Sie rhetorische Pausen:** So klingen Sie selbstbewusster und strahlen Kompetenz aus!

6. Die wichtigsten Telefon-Tipps und -Tricks in aller Kürze

8. **Vermeiden Sie negativ klingende Wörter wie:** Problem, aber, billig, wahrscheinlich, vielleicht, Preiserhöhung, Preisaufschlag
…
Besser sind neutral klingende Formulierungen wie: Preisanpassung, günstig…
Vermeiden Sie Superlative (Übertreibungswörter) wie: sagenhaft, unglaublich, super, optimal, phänomenal. Sie wirken nicht besonders glaubwürdig.
Auch penetrante Wiederholungen, etwa: Toll, Das ist so toll, Ein tolles Angebot usw. bewirken eher Ablehnung als mitreißende Begeisterung.

9. **Achten Sie auf eine bildhafte Sprache:** Sie wirkt lebendig. Der Mensch denkt in Bildern! Wirkungsvoll sind auch Analogien wie z. B.: Das Kleid ist so bunt wie der Frühling…

10. **Lassen Sie Ihre Telefongesprächspartner/Innen wissen, dass Sie ihnen wirklich zuhören:** Nutzen Sie dafür Bestätigungswörter wie: ja, natürlich, selbstverständlich.
Mehr zuhören als reden heißt die Devise.

11. **Stellen Sie gezielt Fragen, damit sich Ihre Gesprächspartner äußern können:** Fragen müssen gut vorbereitet sein. Sie sollten die Materie, von der Sie sprechen, sehr gut kennen. Dann können Sie Ihrem Gesprächspartner wirklich zuhören und müssen nicht, während er spricht, über Ihre nächste Frage nachdenken.

12. **Fragen begründen:** Kein Mensch tut gerne etwas, wenn er nicht weiß, warum!

13. **Fassen Sie sich kurz:** Besorgen Sie sich drei Sanduhren (3-Minuten-Timer). Stellen Sie die erste Sanduhr auf den Schreibtisch, wenn Sie ein Telefonat beginnen (oder wenn Sie den Hörer abnehmen bei eingehenden Anrufen). Lernen Sie, den rieselnden Sand im Auge zu behalten ohne das Gespräch zu vernachlässigen. Wenn Sie nach Ablauf dieser Sanduhr noch nicht zum telefonischen Ende finden können, stellen Sie die zweite Uhr hinzu und falls nötig, die dritte! Länger darf kein normales Geschäftsgespräch dauern – Krisen ausgenommen.

14. **Konzentrieren Sie sich ganz auf das aktuelle Telefongespräch:** Stellen Sie alles ab, was Ihre Aufmerksamkeit stören könnte

(Computer, Radio etc.). Schließen Sie Ihre Bürotür oder bitten Sie die Kollegen bei wichtigen Telefonaten um noch mehr Rücksicht.

15. **Fassen Sie Ergebnisse und Vereinbarungen zwischendurch immer wieder kurz zusammen:** So kontrollieren Sie, ob Sie Ihren Gesprächspartner richtig verstanden haben bzw. ob er Sie richtig verstanden hat.

16. **Sprechen Sie Ihren Kunden mit seinem Namen an:** Der Kundenname ist Aufmerksamkeitsverstärker Nr. 1.

17. **Konzentrieren Sie sich auf das, was Sie Ihrem Kunden anbieten können,** und nicht auf das, was Sie nicht anbieten können.

18. **Bei Terminvereinbarungen,** sollten Sie eine Reihe von Möglichkeiten vorschlagen, so dass Ihr Kunde selbst entscheiden kann.

19. **Versprechen Sie Ihrem Kunden nur Lösungen, die Sie auch halten können.**

20. **Wiederholen Sie dem Kunden gegenüber die Vereinbarungen, die auf Kompromissen beruhen.**

21. **Wenn Sie Rückrufe für Kollegen/Kolleginnen aufnehmen, ist es wichtig...**
    - die Rufnummer zu erfragen (Vorwahl, Rufnummer und Durchwahl), auch wenn der Kunde sagt, seine Nummer sei bekannt.
    - nach der Erreichbarkeit zu fragen („Wann kann zurückgerufen werden?").
    - sich Stichworte zum Thema zu machen und diese sofort an den Kollegen weiterzuleiten.
    - festzuhalten, wer wen zurückruft.

22. **Was sollte ein Gesprächsnotizzettel beinhalten?**
    - Name des Anrufers
    - Unternehmen
    - Datum und Zeitpunkt des Anrufs
    - Grund des Anrufs
    - Wann/wo zu erreichen
    - Rufnummer
    - Name der Person, die das Gespräch aufgenommen hat

23. **Behandeln Sie Telefon-Termine wie „echte" Termine:** Bereiten Sie wichtige Telefonate genauso sorgfältig vor, wie einen Termin in

6. Die wichtigsten Telefon-Tipps und -Tricks in aller Kürze

Ihrem Büro! Sorgen Sie dafür, dass Sie sich oder Ihrem Chef alle notwendigen Unterlagen zurechtgelegt haben.

24. **Entspannen Sie sich zwischen den einzelnen Telefongesprächen** Sonst klingen Sie bald gestreßt und unfreundlich.

25. **Akzeptieren Sie, dass Sie nicht jeden Anrufer zufriedenstellen können!** Ansonsten sind Sie irgendwann zu sehr frustriert und demotivieren sich selbst.

7. Korrespondenz – Ein anderes Medium, die gleichen Ziele

von *Sigrid Varduhn*

Obwohl das Telefon die einfachste Art ist, mit jemandem unkompliziert und doch persönlich in Kontakt zu treten, kann es in einigen Situationen sinnvoller sein, einen Brief zu schreiben. Ob Sie eine Vereinbarung schriftlich bestätigen oder einen Kunden mit einem Fax-Angebot überzeugen wollen, ob Sie eine definitive Zusage möchten oder Ihr Ansprechpartner telefonisch einfach schwer erreichbar ist: Ein Stück Papier ist manchmal mehr wert als ein Telefonat – und doch folgt die schriftliche Korrespondenz ähnlichen Regeln wie die Telefon-Kommunikation.

Der Unterschied besteht zunächst in einem wichtigen Punkt: Ein Brief wird über Jahre aufgehoben und kann als rechtliche Grundlage dienen. Deswegen haben viele Menschen an schriftliche Dokumente den Anspruch, dass sie stilistisch perfekter und abgerundeter sein sollen als mündliche Vereinbarungen. Doch nicht nur das Telefonieren als Dienstleistung ist kundenorientierter geworden. Auch bei der Korrespondenz hat sich in den letzten Jahren vieles getan. Vorbei die Zeiten, in denen Unternehmen steife Formbriefe verschickten. Normierte Gestaltung und ebensolche Sprache sind einem lebendigeren Schreib- und Gestaltungsstil gewichen, der den Kunden ins Zentrum rückt – den Menschen mit seinen Wünschen und Bedürfnissen.

Auf den nächsten Seiten erwarten Sie Checklisten, mit deren Hilfe Sie Ihre Briefe etwas moderner aufmöbeln können. Die Beispiel-Formulierungen sowie die Musterbriefe sind Vorschläge und können an Ihre Bedürfnisse angepasst werden. Sie werden sehen: Vieles, was beim Telefonieren unerlässlich ist, trifft in etwas abgewandelter Form auch auf die Korrespondenz zu. Vor allem sind die Ziele die gleichen. Der Kunde soll das Gefühl bekommen, dass Sie sich mit ihm beschäftigen und sich auf seine Welt einlassen. Kurz: dass Sie „kundenorientiert" handeln.

7. Korrespondenz – ein anderes Medium, die gleichen Ziele

Sieben Regeln für Ihre Korrespondenz

1. Der erste Satz entscheidet...

...darüber, ob der Empfänger den Brief liest und wie er ihn aufnimmt. Holen Sie deshalb im ersten Satz ihren Empfänger persönlich ab und beziehen Sie sich auf eine gemeinsame Verbindung, z. B. auf Ihr letztes Gespräch.

2. Was heute in ist, ist morgen out

Auch Sprache und die Akzeptanz von Formulierungen unterliegen dem Wandel der Zeit. Heute schreibt kaum noch jemand „Sehr verehrte Damen und Herren". Einige Unternehmen schreiben stattdessen Ihre Kunden mit „Guten Tag" oder „Lieber..." an. Entwickeln Sie Ihre eigene Schreibkultur und reagieren Sie auf Trends, die Sie in Schreiben von Kunden entdecken.

3. Der Kunde will im Mittelpunkt stehen

Kundenorientiert zu schreiben bedeutet, die Position des Kunden zu stärken. Verschieben Sie deshalb das sprachliche Gewicht Ihrer Texte von „...wir bieten..." zu „...Sie erhalten...".

4. Ohne Appell passiert nichts

Vielen Briefen fehlt ein deutlicher Appell, d. h. eine Aussage darüber, was wir uns vom Kunden wünschen, wozu wir ihn bewegen oder motivieren möchten. Dieser Appell sollte sich wie ein roter Faden durch den Brief ziehen.

5. Von Ihren Formulierungen schließt der Empfänger auf Ihr Angebot

Variieren Sie bei Ihren Formulierungen. Immer dasselbe mit denselben Worten zu schreiben, ist für Sie und auch für den Empfänger langweilig. Kopieren Sie sich Briefe, die Ihnen besonders gut gefallen. Tauschen Sie mit Kollegen Formulierungen aus, z. B. für den ersten Satz oder für die Grußformel.

6. Bilder sagen mehr als Worte...

...und sie überzeugen leichter. Außer Abbildungen oder Symbolen können Sie Beispiele, Geschichten, Vergleiche oder bildliche Beschreibungen einsetzen – alles, was innere Bilder beim Empfänger hervorruft.

7. Kundenbindung erzeugen Sie, indem Sie die Erwartungen des Kunden übertreffen

Wenn die Kundin, die gestern angerufen hat, ihr Angebot schon heute auf dem Schreibtisch hat, ist sie positiv überrascht und gibt diese Erfahrung weiter.

7. Korrespondenz – ein anderes Medium, die gleichen Ziele

Checkliste zum schnellen Verbessern Ihrer Briefe

Sie können die folgende Checkliste einfach durchlesen oder sich über den Schreibtisch hängen. Mein Tipp: Nehmen Sie Ihr letztes Schreiben zur Hand und analysieren Sie, was Sie noch verbessern können.

Checkpunkt	Beispiel	Tipp
Satzlänge/ Schachtelsätze	„Im Anschluss an die Zwischennachricht, die Sie aufgrund Ihrer Bewerbung erhalten haben, teilen wir Ihnen nach sorgfältiger Durchsicht der eingegangenen Bewerbungen mit, dass wir nach Ihren Unterlagen einen durchaus positiven Eindruck von Ihnen gewonnen haben."	Wenden Sie die Komma-Karriere-Regel an: Machen Sie um jedes Komma einen kleinen Kringel mit Rotstift. Dann fragen Sie jedes Komma, ob es nicht lieber ein Punkt geworden wäre. Da werden Sie oft ein JA erhalten. z. B.: „Wir haben die Bewerbungen inzwischen durchgesehen. Ihre Bewerbung ist uns besonders positiv aufgefallen."
umständliche Formulierungen, „Papierdeutsch"	„Voraussetzung für den Provisionsanspruch ist der Nachweis der Kundenbetreuung durch den Vertreter."	Vermeiden Sie zusammengesetzte Substantive. Ersetzen Sie Substantive durch aktive Verben, z. B. „Die Provision erhält der Vertreter nur, wenn er den Kunden betreut hat."
Vorreiter, lange Einleitungen	„Auf Ihr Schreiben vom... teilen wir Ihnen mit, dass wir uns freuen würden, wenn Sie..."	Streichen Sie die Vorreiter, z. B. „Vielen Dank für Ihren Brief. Bitte..."

108

Checkpunkt	Beispiel	Tipp
Passive Formulierungen	„die Lieferung wird Ihnen am... zugestellt"	Verwenden Sie aktive Formulierungen, z. B. „Sie erhalten die Lieferung am..."
negative Formulierungen	„Falls Sie auch in Zukunft nicht auf unsere Leistungen verzichten möchten, rufen Sie uns an!"	Streichen Sie „nicht"- und „un"-Formulierungen. Schreiben Sie positiv! Z. B.: „Rufen Sie uns an, damit Sie unsere Leistungen auch in Zukunft nutzen können."
Schlussfloskeln	„Für weitere eventuelle Fragen stehen wir Ihnen gern zur Verfügung."	Beenden Sie Ihren Brief mit einem freundlichen, aber direkten Appell, z. B. „Rufen Sie uns schnell an. Wir freuen uns auf Ihren Anruf."

Sieben Schritte zur Vorbereitung eines Briefes

(1) Legen Sie den Zweck, das Ziel des Briefes fest.
(2) Stoffsammlung: Sammeln Sie Stichpunkte für Ihren Brief.
(3) Legen Sie Unterlagen und Musterbriefe bereit, die Sie für den Brief benötigen.
(4) Bringen Sie Ordnung in die Stichworte, erstellen Sie eine Gliederung.
(5) Schreiben Sie den ersten Entwurf schnell nieder.
(6) Lesen Sie den Entwurf gegen.
(7) Bekommen Sie Abstand zu Ihrem Brief. Legen Sie eine Pause ein, bevor Sie ihn überarbeiten. Überschlafen Sie wichtige Briefe.

7. Korrespondenz – ein anderes Medium, die gleichen Ziele

Der Aufbau eines Geschäftsbriefes

Auf den folgenden Seiten finden Sie Beispiel-Formulierungen für die verschiedenen Bausteine eines Geschäftsbriefes.

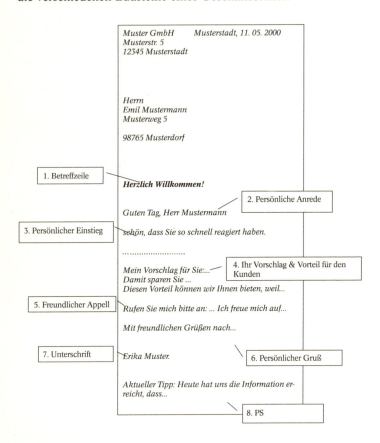

1. Betreffzeile

Die Betreffzeile gilt als Briefüberschrift und sollte keine rein innerbetrieblichen Vermerke und Zeichen enthalten. Das Wort „Betreff" selbst schreiben Sie dort nicht mehr hin.

Sonderkonditionen/Ihre Anfrage vom...
Zahlungserinnerung/Ihre Buchung vom...
Herzlich Willkommen im Club/Ihre Kundennummer:

2. Die Anrede

Für viele Leser entscheidet sich schon bei der Anrede, ob sie interessiert weiterlesen oder nicht. Steht der Name in der Anrede? Ist er richtig geschrieben? Oder signalisiert die unpersönliche Anrede, dass man einen Standardbrief vor sich hat, der keine individuellen Informationen enthält?

Üblich ist die Anrede: *„Sehr geehrte..."*, aber auch das *„Lieber..."* können Sie nach Gefühl einsetzen.

Lieber Herr Bändler,
Guten Tag, Frau Schönbaum,
Hallo Herr Bändler,

3. Einstieg

Gestalten Sie den ersten Satz so individuell wie möglich, damit der Leser Ihres Briefes sich persönlich angesprochen fühlt. Greifen Sie hierfür auf Informationen aus Ihrer Kundendatenbank zurück. Oder auf Notizen, die Sie sich z. B. in einem Telefongespräch gemacht haben.

Vielen Dank für das freundliche Gespräch am...
Schön, dass Sie so schnell reagiert haben...

4. Angebot

Stellen Sie in Ihrem Schreiben deutlich dar, was der Empfänger von Ihrem Angebot oder Ihrer Lösung hat. Welchen Vorteil versprechen Sie Ihrem Kunden?

Ihr Vorteil:
Damit erreichen Sie...

7. Korrespondenz – ein anderes Medium, die gleichen Ziele

5. Appell

Schreiben Sie zum Abschluss, wo der Empfänger weitere Informationen bekommen kann und wie er reagieren soll. Nennen Sie vor allem den Ansprechpartner, der angerufen werden soll.

Bitte antworten Sie uns schnell!
Rufen Sie mich an. Ich berate Sie gern.
Rufen Sie uns an. Oder schicken Sie uns ein Fax: 089/456754.

6. Gruß

Der übliche Gruß lautet „Mit freundlichen Grüßen". Er wird kaum noch aufmerksam gelesen, sondern ist nur noch ein Signal, das sagt: „Hier ist der Brief zu Ende." Jede Abweichung von diesem Standardgruß fällt natürlich auf. Überlegen Sie sich also, wie Ihr Gruß auf Ihren Leser wirken soll.

Mit freundlichem Gruß
Freundliche Grüße
Herzliche Grüße
Freundliche Grüße aus Stuttgart
Bis dahin alles Gute
Bis bald

7. Unterschrift

Unterschreiben Sie mit Vor- und Zunamen, damit Sie in einem Antwortschreiben richtig als „Frau" oder „Herr" angeschrieben werden.
Wenn das Schreiben von einem anderen als dem Ansprechpartner unterzeichnet wird, nennen Sie im Schreiben den richtigen Ansprechpartner mit Telefonnummer.

8. PS (Postskriptum)

Mit dem PS können Sie Aussagen, die Ihnen besonders wichtig sind, hervorheben oder persönliche Anmerkungen hinzufügen.

PS: Sie können uns die Informationen gerne auch faxen: (0 30) 66 78 85.
Vielen Dank.

Unser Tipp: Sie können unsere Informationen jetzt auch im Internet abrufen:
Unter www.zeitzuleben.de

Antworten auf häufig gestellte Fragen zur Korrespondenz

Was schreibe ich, wenn ich keinen persönlichen Ansprechpartner für meinen Brief habe?

Üblicherweise: „Sehr geehrte Damen und Herren". Aber: Schicken Sie möglichst keinen Brief ohne persönliche Anrede heraus. Wenn Sie Adressen ohne Ansprechpartner haben, versuchen Sie diese vorher telefonisch zu qualifizieren und den richtigen Ansprechpartner herauszufinden. Ohne Ansprechpartner landet Ihr Schreiben eher im Papierkorb. Außerdem wissen Sie nicht, bei wem Sie nachfassen sollen.

Lohnt sich der Aufwand, Briefmarken zu kleben?

Massenfrankierungen erzielen auch den Eindruck von Masse. Setzen Sie für Kunden, die Ihnen besonders wichtig sind, wieder Briefmarken und normales Briefporto ein. Der Kunde soll spüren, dass er es Ihnen wert ist. Außerdem vermeiden Sie, dass Ihre Geschäftsbriefe als Werbesendungen weggeworfen werden.

Wie sieht es mit handschriftlichen Zusätzen aus?

Bei normalen Geschäftsbriefen ist es sinnvoll, handschriftlich zu unterschreiben oder zumindest eine Unterschrift einzudrucken. Darüber hinaus können Sie mit handschriftlichen Zusätzen für Aufmerksamkeit sorgen. Angenommen, Sie senden an 50 Ihrer Kunden eine Information über ein neues Produkt. Davon haben Sie zu fünf Kunden eine besondere Beziehung. Fügen Sie diesen fünf

Schreiben ein handschriftliches PS mit einer persönlichen Bemerkung bei.

Schreibt man Geschäftsbriefe in der ich- oder in der wir-Form?

Setzen Sie „ich"- und „wir"-Formulierungen gezielt ein, je nachdem, welche Wirkung Sie auf der anderen Seite hervorrufen möchten. Ich-Formulierungen stehen für individuelle Angebote und Lösungen. „Wir" (als Unternehmen oder Team) schreiben Sie, wenn das gesamte Angebot des Unternehmens oder die Leistung eines Teams im Vordergrund stehen soll. Sie können „ich" und „wir" in einem Schreiben einsetzen, sollten allerdings nicht zu häufig hin und her wechseln.

Wie lang dürfen Sätze maximal sein?

Als Faustregel gilt, dass Ihre Sätze nicht mehr als 20 Wörter haben sollten. Allerdings hängt die Verständlichkeit Ihrer Texte auch von Satzbau und Wortwahl ab. Für die Brieflänge gilt: Der Empfänger nimmt sich nur wenige Minuten Zeit für Ihren Brief. Umso kürzer der Brief, desto wahrscheinlicher ist es, dass der Empfänger genau die Stellen liest, die Ihnen wichtig sind.

Wie kann ich Textteile, die mir besonders wichtig sind, hervorheben?

Textverarbeitungsprogramme bieten viele Möglichkeiten, Textteile hervorzuheben. Am häufigsten, auch wegen der Lesbarkeit, werden Fettschrift oder Unterstreichungen eingesetzt. Nutzen Sie nicht mehr als zwei Hervorhebungsarten in einem Text, heben Sie nur einige Worte und vor allem die Vorteile für den Kunden hervor.

Tipps für die Organisation Ihrer Korrespondenz

- Legen Sie eine Korrespondenzmappe an, mit Musterbriefen für alle Einsatzgebiete. Damit können Sie auch neue Kollegen perfekt in die Schreibkultur Ihres Unternehmens bzw. Ihrer Abteilung einweisen.
- Halten Sie Ihre Adress-Datenbank auf dem laufenden. Verschicken Sie Fax- oder E-Mail-Rundschreiben zur Aktualisierung von Adressen, Ansprechpartnern und anderen Datenbankinformationen.
- Passen Sie die Arbeitsmaske in Ihrem Textverarbeitungsprogramm so an, dass Sie optimal Ihren Bedürfnissen entspricht. Fügen Sie die Symbole in die Symbolleisten ein, mit denen Sie am häufigsten arbeiten, z. B. doppelter Zeilenabstand, Schriftvergrößerung, Umrahmung von Text.
- Erledigen Sie Ihre Korrespondenz, wie Ihre telefonischen Aufgaben am Stück, um Ihre Konzentration zu bündeln. Planen Sie aber auch Pausen ein, um Abstand zu Ihren Texten zu gewinnen.

Tipps zum Einsatz der neuen Rechtschreibung

- Verständigen Sie sich in Ihrem Unternehmen darauf, ab wann Sie die neue Rechtschreibung einsetzen wollen.
- In den neuen Ausgaben des Rechtschreib-Dudens finden Sie die Wörter, die sich in der Schreibweise geändert haben, besonders hervorgehoben. Alle Regeln der neuen Rechtschreibung sind dort aufgelistet.
- Aktuelle Versionen gängiger Textverarbeitungsprogramme arbeiten bereits mit der neuen Rechtschreibung (z. B. MS-Word 2000).
- Für die Nutzung von früheren Programmversionen können Sie sich aus dem Internet (z. B. unter der Adresse www.microsoft.de) eine Ergänzungsdatei mit der neuen Rechtschreibung herunterladen.

7. Korrespondenz – ein anderes Medium, die gleichen Ziele

Tipps für Ihre Fax-Korrespondenz

- Die Zeiten, in denen Faxformulare üppig mit Symbolen und Schnick-Schnack verziert wurden, sind vorbei. Entwickeln Sie analog zu Ihrem Briefbogen eine Fax-Vorlage. Ein Fax sollte als solches erkannt werden, aber ansonsten den gleichen Gestaltungsrichtlinien folgen wie Ihr Briefbogen. Das gilt z. B. für Ihr Logo, Schriftarten, Schriftgröße und Zeilenabstand.
- Heben Sie deutlich den Empfänger Ihres Faxes hervor. Versenden Sie kein Fax ohne Ansprechpartner.
- Wird deutlich, warum Sie dieses Schreiben per Fax schicken und nicht mit der normalen Post? Nicht jeder Empfänger ist glücklich darüber, mit Faxen bombardiert zu werden.
- Versenden Sie keine „Fax-Bücher". Wenn Ihr Schreiben viele Seiten umfasst und auch morgen noch ankommen kann, müssen Sie es nicht unbedingt faxen.
- Fax-Mailings an Kalt-Adressen, also an Firmen mit denen Sie nicht in einer geschäftlichen Beziehung stehen oder die Ihr Fax nicht angefordert haben, sind nicht erlaubt! Die betroffenen Firmen können sich gegen die zusätzlichen Kosten, die durch Ihre Faxe entstehen, gerichtlich wehren.
- Möchten Sie Feedback erhalten, so bieten Sie dem Kunden ein Formular als Antwortmöglichkeit an (Fax-Antwort). In der Business-to-Business-Kommunikation übertrifft die Nutzung der Fax-Antwort inzwischen die Antwort-Postkarte bei weitem.
- Gestalten Sie Ihre Fax-Antwortblätter bewusst einfach und übersichtlich. Heben Sie den Appell „Ja, ich will" deutlich hervor.

Die E-Mail-Korrespondenz hat viele Vorteile

Schneller als ein Brief, billiger als telefonieren: E-Mail ist das Kommunikationsmedium des neuen Jahrtausends. In fast jedem deutschen Unternehmen wird gemailt, extern wie intern. Die elektronische Post ist dabei, Hauptmedium der schriftlichen Kommunikation zu werden.

Die E-Mail-Korrespondenz hat viele Vorteile

Während 1996 noch nur rund 74 % der Internet-Surfer auch E-Mails schrieben, waren es im Herbst 1999 schon rund 96 % der inzwischen 12 Millionen Deutschen, die das Internet nutzen. Damit ist es ist nicht länger die Frage, E-Mail überhaupt zu nutzen, sondern wofür, wann und wie.

Durch eine perfekte Organisation Ihrer Mailbearbeitung können Sie Ihr Image als leistungsfähiger Anbieter aufwerten.

Dadurch dass E-Mail ein noch sehr junges Medium ist, sind viele Unternehmen noch unerfahren darin, welche Regeln für den Einsatz von E-Mail gelten sollen. Es gibt Unternehmen, in denen es generell verboten ist, private E-Mails zu schicken, während in anderen Unternehmen „alles" erlaubt ist mit der Begründung, dass auch private Anrufe oder Briefe nicht verboten werden können.

Genauso uneinheitlich ist der Umgang mit dem Spieltrieb per E-Mail. Wie bei allen neuen Dingen führt auch die elektronische Post am Anfang zu einer gewissen Überaktivität. Da wurden schon Weihnachtsgrüße oder Witze „an alle" verschickt, was dazu führen kann, dass ganze Netze lahmgelegt werden. In den meisten Fällen lässt dieser Spieltrieb allerdings schnell nach, wenn der Reiz des Neuen verflogen ist. Wie bei jedem anderen Kommunikationsmedium gilt auch für das E-mailen, dass wir die Zeit und den Arbeitsaufwand unseres Kommunikationspartners respektieren sollten, und ihm die Informationen zukommen lassen, die für ihn wichtig sind.

Das spricht für den Einsatz von E-Mail:
- E-Mail ist zeit- und ortsunabhängig. Sie brauchen sich keine Sorgen mehr darüber zu machen, dass der Telefonanschluss besetzt, der Ansprechpartner nicht da ist oder das Sekretariat Sie abblocken möchte: Ihre Nachricht kommt an.
- Ihre E-Mail kann gespeichert, weiterverschickt oder ausgedruckt werden. Damit hat sie im Vergleich zum Telefongespräch eine höhere Verbindlichkeit.
- E-Mail ist international, bricht Zeit- und Ländergrenzen und lässt Sie weltweit einfach und kostengünstig kommunizieren.
- E-Mail reduziert den Papierverbrauch.

7. Korrespondenz – ein anderes Medium, die gleichen Ziele

- In der internen Kommunikation fördert E-Mail die Kommunikation über die Hierarchieebenen hinweg. In vielen Unternehmen ist die Kommunikation per E-Mail Teil der Unternehmenskultur.
- Durch den Einsatz von E-Mail können Sie Ihren Arbeitstag flexibler gestalten. Sie entscheiden selbst, wann Sie Ihre E-Mails öffnen und bearbeiten und Sie werden nicht mitten in einer Aufgabe durch das Klingeln des Telefons gestört.

Ob und wann Sie E-Mail einsetzen, hängt aber auch davon ab, mit wem Sie es auf der anderen Seite zu tun haben. Wer ist Ihr Ansprechpartner, wie kommuniziert er am liebsten? Wenn Sie es mit jemandem zu tun haben, der nicht gern vom Telefon gestört wird und der Ihre Mails schnell beantwortet– mailen Sie. Wer jedoch nicht gern schreibt oder wer jetzt statt in Papierbergen in E-Mail-Wellen ertrinkt, den rufen Sie für eine schnelle Antwort besser an.

In den folgenden Fällen ist es ebenfalls besser, telefonisch oder persönlich zu kommunizieren:
- bei schwierigen, mehrdeutigen Informationen,
- bei negativen Informationen,
- bei erklärungsbedürftigen Informationen,
- wenn etwas sofort geklärt werden muss,
- wenn die Nachricht vertraulich ist,
- wenn eine direkte Antwort erforderlich ist.

Tipps für Ihr E-Mail-Management

- E-Mail-Nutzer, die Ihre Mailbox nur einmal die Woche leeren, sabotieren die Vorteile, die die Kommunikation per E-Mail bietet. Wer allerdings alle fünf Minuten in seinen Briefkasten guckt, kommt zu nichts anderem mehr. Legen Sie für sich selbst bestimmte Zeiten, z. B. 3x täglich fest, wann Sie E-Mail lesen, bearbeiten, beantworten oder ablegen wollen. Teilen Sie dies auch Kollegen oder Geschäftspartnern mit, für die diese Information wichtig ist.

Tipps für Ihr E-Mail-Management

- Legen Sie Mails, die Sie nicht gleich bearbeiten, sofort in einem extra Ordner bzw. Verzeichnis ab, z. B. unter „Noch zu klären", damit Sie den Überblick behalten.
- Legen Sie in Ihrem E-Mail-Programm Prioritäten fest. Welche Nachrichten sollen an die erste Stelle, z. B. die Mails von Ihrem Chef, und welche eher nach hinten. Sie können Filter definieren, so dass E-Mails, die bestimmte Angaben in der Betreffzeile oder im Nachrichtentext enthalten, gar nicht erst zu Ihnen durchkommen. Viele Unternehmen schützen sich so vor Kettenbriefen oder unangeforderten Werbemails.
- Wenn Sie nicht möchten, dass jemand anderes E-Mails unter Ihrem Namen liest, ändert oder verschickt, achten Sie darauf, dass keine unbefugten Personen Ihr persönliches E-Mail-Passwort kennen.
- Wenn Sie in Urlaub oder auf Geschäftsreise sind, haben Sie die Möglichkeit, im E-Mail-Programm eine Nachricht einzurichten, dass Sie im Moment nicht erreichbar sind. Oder Sie beauftragen eine Person Ihres Vertrauens mit der Bearbeitung Ihrer Mails.
- Wenn E-Mails im Netzwerk archiviert werden, ist die Gefahr des Missbrauchs durch Dritte gegeben, durch Lesen, Verändern oder Weiterverschicken. Speichern Sie deshalb niemals E-Mails mit vertraulichen Angaben im Netz.
- Gerade für Führungskräfte gilt: Nutzen Sie E-Mail nicht nur zum Bearbeiten von Aufgaben, sondern auch zum Delegieren. Beantworten Sie nicht jede Anfrage selbst, sondern schicken Sie die E-Mail gegebenenfalls an jemanden weiter, der sie noch besser beantworten kann.
- Drucken Sie nicht jede E-Mail aus, schließlich soll E-Mail Ihren Papierberg reduzieren

Der Aufbau von E-Mails

Obwohl die verschiedenen E-Mail-Programme unterschiedliche Optionen anbieten, sind die Grundelemente doch bei allen gleich:

119

7. Korrespondenz – ein anderes Medium, die gleichen Ziele

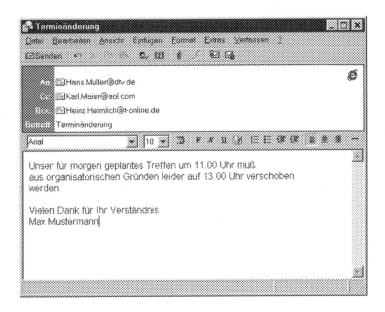

An:	Hier geben Sie die E-Mail-Adresse des Empfängers ein.
CC (Carbon Copy):	Hier geben Sie die E-Mail-Adressen der Personen ein, von denen Sie möchten, dass Sie eine Kopie der E-Mail erhalten.
BCC (Blind Carbon Copy):	Adressen, die hier eingegeben werden, erscheinen (im Gegensatz zu unter CC eingegebenen Adressen) nicht in den Verteilerlisten aller anderer Empfänger Ihrer Mail. Schon aus Gründen des Datenschutzes ist es häufig ratsam, Kopien unter dieser Rubrik zu versenden.
Betreff:	Geben Sie unter „Betreff" eine kurze Beschreibung Ihrer E-Mail-Nachricht ein. Diese Beschreibung erscheint im E-Mail-Briefkasten des Empfängers.
Anlagen:	Unter „Anlagen" können Sie Dateien auswählen bzw. eintragen, die Sie mit der E-Mail verschicken möchten.
Text:	Hier geben Sie den eigentlichen Text Ihrer Nachricht ein.

Tipps für die Gestaltung Ihrer E-Mail

Herkömmliche Briefe erfordern oft mehrtägiges Korrigieren, Redigieren und Überarbeiten. E-Mails dagegen werden meist in wenigen Minuten „runtergeschrieben" und abgeschickt. Daher gelten für die Gestaltung und das Schreiben von E-Mails auch andere Regeln als für den klassischen Papierbrief. Wie Sie Ihre E-Mail so schreiben, dass sie für den Empfänger interessant ist und nicht sofort im Papierkorb landet, erfahren Sie in diesem Abschnitt.

Die Betreffzeile

Die Betreffzeile ist die Eintrittskarte Ihrer E-Mail. Denn was Sie dort hinschreiben, erscheint in der E-Mail-Liste des Empfängers und aufgrund Ihrer Überschrift entscheidet der Empfänger, ob und wann er ihre Nachricht liest.

Schreiben Sie in die Betreffzeile, was der Empfänger tun soll statt worum es in der Mail geht.

Beispiel

Betreff: Teilnahme am Workshop?

Schreiben Sie in die Betreffzeile z. B. auch, wenn Sie die Mail an eine Gruppe versenden.

Beispiel

Betreff: An Werbeabteilung: Druckauftrag für Firma X

Wenn Ihnen eine schnelle Antwort wichtig ist, bitten Sie schon in der Betreffzeile darum.

Beispiel

Bitte um Seminar-Feedback

Setzen Sie die Worte „wichtig" oder „dringend" ein, wenn sie etwas wirklich Wichtiges oder Dringendes mitzuteilen haben. Damit der Empfänger auch Ihre nächste Mail noch öffnet und liest.

Der Textblock

E-Mail ist ein junges, schnelles Medium. Vermeiden Sie daher steife Formulierungen, die eher der Papierkorrespondenz entspre-

7. Korrespondenz – ein anderes Medium, die gleichen Ziele

chen, wie „Sehr geehrte Damen und Herren" und „mit freundlichen Grüßen". Im Kapitel „Korrespondenz" dieses Buches finden Sie verschiedene Vorschläge für Anreden und Grußformeln. Achten Sie darauf, dass Ihr Ton Ihrer Beziehung zum Empfänger entspricht. Schreiben Sie freundlich. Ein freundlicher und individueller Einstiegssatz und herzliche Grüße am Schluss machen eine Nachricht nie zu lang. Schreiben Sie kurze, verständliche, prägnante Sätze.

Gestalten Sie Ihre E-Mail einfach und übersichtlich und sorgen Sie auch für eine klare inhaltliche Struktur, so dass der Empfänger sofort durchblickt. Im Gegensatz zu Briefen werden die meisten E-Mails nur einmal gelesen.

E-Mails werden wie Pressemitteilungen geschrieben. Das heißt, das Wichtige vor dem Unwichtigen, so dass der Empfänger das Wichtigste erfasst, auch wenn er nicht mehr als eine Bildschirmseite gelesen hat.

Nutzen Sie zur Gliederung Ihrer E-Mail

- Leerzeilen zwischen den Absätzen,
- Aufzählungszeichen, z. B. * bzw.-
- Nummerierungen.

Auf jeden Grammatikfehler kommen in E-Mails drei Tippfehler. Tippfehler stören den Leser in seiner Konzentration und der Aufnahmefähigkeit, was dazu führen kann, dass er an Ihrer Glaubwürdigkeit und Ihrer Kompetenz zweifelt. Nutzen Sie die Rechtschreibfunktion Ihres Textverarbeitungsprogramms, wenn dies von Ihrem E-Mail-Programm unterstützt wird, oder lesen Sie E-Mails halblaut vor, um Fehler zu entdecken.

Schreiben Sie in Ihrer E-Mail weder nur Großbuchstaben noch nur kleine Buchstaben. Beides ist ungewohnt für den Empfänger und strengt ihn deshalb beim Lesen an. Was dazu führen kann, dass Ihre Nachricht falsch verstanden oder nicht zu Ende gelesen wird.

Benutzen Sie nur Abkürzungen, bei denen Sie davon ausgehen können, dass der Empfänger sie kennt. Gerade im internationalen Schriftverkehr sollten Sie missverständliche Angaben oder Daten besser ausschreiben.

Wer mailt, erwartet schnelle Antworten. Erleichtern Sie es daher dem Empfänger, Ihnen zu antworten. Stellen Sie einfache Fragen, die der Empfänger mit „ja" oder „nein" beantworten kann.

Tipps für die Gestaltung Ihrer E-Mail

Damit der Empfänger nicht nur Ihre E-Mail-Adresse kennt, sondern auch die anderen Daten erhält, haben Sie die Möglichkeit, in den Optionen Ihres E-Mail-Programms eine „elektronische Visitenkarte" einzurichten, die als Signaturtext an jede E-Mail angehängt wird.

Wenn Sie Dateien an Ihre Nachricht anhängen, prüfen Sie, ob Sie wirklich nur absolut notwendige Informationen verschicken. Testen Sie, ob der Empfänger Ihre Dateien problemlos empfangen kann, indem Sie zunächst eine Testdatei schicken, bevor Sie später unter Zeitdruck geraten. Um den Umfang Ihrer Dateien zu verringern und sie schneller zu versenden, können Sie diese mit einem Kompressionsprogramm „zusammenpressen".

So heben Sie wichtige Informationen in Ihrer E-Mail hervor

- Setzen Sie in der E-Mail vor und nach einem Wort einen Stern, um zu zeigen, dass es *kursiv* geschrieben ist.
- Um zu zeigen, dass ein Wort unterstrichen ist, unterstreichen Sie die Leerzeichen vor und nach dem Wort, z. B. _Unterstreichung_
- Setzen Sie wichtige Nachrichten in eine Box, um diese zu betonen:

```
* * * * * * * * * * * * * * * * * * * * * * * * * * * * * * * * * * * * * *
*   Eine Box um die Nachricht herum kann den wichtigsten        *
*   Punkt unterstreichen.                                       *
*   Nutzen Sie Boxen nicht zu oft,                              *
*   sonst ist Ihre E-Mail schwierig zu lesen.                   *
* * * * * * * * * * * * * * * * * * * * * * * * * * * * * * * * * * * * * *
```

Hier noch einmal zusammenfassend die acht wichtigsten Tipps für Ihre virtuelle Post:

---

1. Unterscheiden Sie in der Gestaltung zwischen privaten und geschäftlichen E-Mails.

Während bei privaten E-Mails an Bekannte und Freunde (fast) alles erlaubt ist, z. B. alles kleinzuschreiben oder Worte so zu schreiben, wie man spricht (wi man se spricht), gelten in Geschäfts-Mails die gleichen Regeln wie in herkömmlichen Briefen.

123

7. Korrespondenz – ein anderes Medium, die gleichen Ziele

2. Nennen Sie auf jeden Fall in der Betreff-Zeile das Thema der E-Mail.

So erkennt der Empfänger sofort die Wichtigkeit der Mail. Obendrein wecken Sie seine Neugier.

3. Kennt der Empfänger Ihren Namen, öffnet er Ihre Mail.

Arbeiten Sie deshalb mit einheitlichen Absendern. Das ist die beste Art, das Vertrauen des Empfängers in Ihre Mails aufzubauen.

4. Überschütten Sie den Empfänger nicht mit angehängten Dateien...

...die er nicht angefordert hat. Besser ist, Sie fragen an, wie er den Text gern hätte: ob per E-Mail, Fax oder als klassischen Brief.

5. Sammeln Sie die E-Mail-Adressen Ihrer Interessenten und Kunden.

Je vollständiger Ihre E-Mail-Adressen-Kartei, desto besser können Sie E-Mails auch für aktuelle Informationen, Mailings, Urlaubsgrüße etcetera einsetzen.

6. Halten Sie Ihre E-Mail-Adressen auf dem aktuellen Stand.

Wechselt der Empfänger den Provider, gehen Ihre E-Mails in den Weiten des Netzes unter. Legen Sie Ihrer schriftlichen Kunden-Korrespondenz (Fax und Brief) in regelmäßigen Abständen ein Antwortblatt bei mit der Frage, ob die E-Mail-Angaben noch stimmen. Telefonisch nachzuhaken, ist natürlich auch eine Möglichkeit.

7. Geben Sie Ihre E-Mail-Adresse als zusätzliche Antwortmöglichkeit an...

...wenn Sie normale Korrespondenz verschicken. Wenn Sie die Antwort am liebsten per E-Mail bekommen, werten Sie das mit einem Vorteil für den Kunden auf: z. B.: „Per E-Mail errei-

124

chen Sie uns rund um die Uhr!" oder „Antworten Sie uns per E-Mail, so sparen Sie Porto."

8. Antworten Sie innerhalb von 24 Stunden...

...wenn Sie elektronische Post bekommen. Erfüllen Sie diese Erwartung – oder übertreffen Sie sie, wenn möglich.

Anhang

Musterbriefe

Muster: Reklamationsbeantwortung

Danke für Ihren Hinweis vom 7. Juli

Sehr geehrte Frau Maibaum,

da haben Sie völlig recht: Wer so oft wie Sie auf seine Zeitung warten musste, dem kann die Hutschnur hochgehen.

Damit wir Ihr Vertrauen zurückgewinnen können, haben wir folgenden Vorschlag für Sie: Sie erhalten Ihre Zeitung für zwei Wochen kostenlos zugestellt. Zudem wird die für die Graubündener Straße zuständige Zustellagentur in der nächsten Woche regelmäßig überprüfen, dass Ihre Zeitung pünktlich angeliefert wird.

Bitte informieren Sie mich, sobald Sie Grund zum Ärger haben, denn wir möchten Sie als Kundin behalten. Sie erreichen mich unter der Telefondurchwahl 040/123 456.

Vielen Dank, dass Sie uns helfen, unseren Service für Sie und andere Leser zu verbessern.

Mit freundlichen Grüßen

Heide Hartmann

Muster: Willkommens-Brief

Herzlich Willkommen im X-Club

Guten Tag, Frau Merkmann,

schön, dass Sie sich so schnell für unser Angebot entschieden haben: Herzlich willkommen im X-Club!

Als X-Club-Mitglied genießen Sie folgende Vorteile:

- Sie erhalten exklusive Angebote mit unserem monatlichen X-Club-Magazin.
- Sie sparen bei jedem Kauf bis zu 10 % gegenüber dem Kauf im Handel.
- Sie sammeln mit jedem Kauf Prämienpunkte, die Sie gegen wertvolle Prämien eintauschen können.

Diese Vorteile können wir Ihnen anbieten, weil uns – wie in Ihrem Fall – oftmals langjährige Kunden weiterempfehlen. So sparen wir teure Werbekosten und können diese Mittel direkt zu Ihrem Vorteil einsetzen.

Bitte melden Sie sich bei mir, liebe Frau Merkmann, sobald Sie einen Wunsch oder einen Hinweis haben, wie wir unseren Service noch verbessern können: Tel. (0 89) 78 94 56.

Mit herzlichen Grüßen nach Rüsselsheim

Flora Fischer

Heißer Tipp: Wenn es mit einer Bestellung besonders schnell gehen soll, nutzen Sie unsere 24-h-Hotline unter (01 80) 78 91 23. So erreichen Sie uns auch nach Ihrem Feierabend.

Muster: Negative Antwort auf Bewerbung

Vielen Dank für Ihre Bewerbung

Sehr geehrter Herr Ahlbeck,

Sie haben schon längere Zeit auf eine Nachricht über Ihre Bewerbung gewartet. Es tut mir leid, dass dies so lange gedauert hat. Die Entscheidung über den richtigen Bewerber ist uns sehr schwer gefallen.

Im Vorstellungsgespräch hat uns vor allem Ihre Motivation und Ihre positive Einstellung sehr gut gefallen. Der Bewerber, für den wir uns entschieden haben, ist zwar nicht höher qualifiziert als Sie, bringt aber Erfahrungen für ganz spezielle EDV-Anwendungen in unserem Unternehmen mit.

Vielen Dank dafür, dass Sie Interesse an unserem Unternehmen gezeigt haben. Mit Ihrer Qualifikation haben Sie gute Chancen, bald eine ähnliche Position zu finden. Ihre Unterlagen erhalten Sie mit diesem Brief zurück.

Alles Gute für Sie und mit freundlichen Grüßen

Jan Blumenberg

Muster: Begleitschreiben zum Angebot

Gestern bestellt – heute schon da!

Hallo Herr Schneider,

gestern haben wir telefoniert – heute ist es schon da: Ihr Angebot über ein Telefontraining für Ihre Mitarbeiter/innen.

Nach unserem Gespräch bin ich die vielen interessanten Punkte, die Sie angesprochen haben, noch einmal durchgegangen. Deshalb habe ich dem Angebot den Baustein Korrespondenztraining hinzugefügt, der eine sinnvolle Ergänzung zum Telefontraining darstellt.

Bitte rufen Sie mich an, damit ich Ihnen Seminartage für die Telefontrainings im September reservieren kann. In dieser Woche erreichen Sie mich am besten unter meiner Frankfurter Telefonnummer: (069) 122455.

Ich freue mich auf Ihren Auftrag.

Mit freundlichen Grüßen

Herbert Heine

Muster: Zahlungserinnerung

Buchlieferung vom 7.7.99

Sehr geehrter Herr Maier,

haben Sie's vergessen?

Gerne haben wir Ihnen am 7. Juli zehn Duden „Neue deutsche Rechtschreibung" geliefert.

Genauso gerne würden wir es sehen, dass Sie unsere Rechnung vom 10. Juli begleichen.

Sollte etwas mit der Rechnung oder der Lieferung nicht in Ordnung gewesen sein – sprechen Sie mit Frau Müller unter der Telefonnummer 0211/ 309 093. Sie wird das gern mit Ihnen klären.

Mit freundlichen Grüßen

Paul Pasch

Literatur-Empfehlungen

Im Anschluss finden Sie die wichtigsten Bücher, die mich auf meinem Weg zum erfolgreichen Telefonverkäufer und Kommunikationstrainer weitergebracht haben. Sehen Sie mal in das eine oder andere Buch hinein! Sie werden merken, dass Telefonieren keine Geheimwissenschaft ist, sondern eine Kunst, die jeder Mensch lernen kann. Auch Sie.

Aktiv zuhören, besser verkaufen, Harry H. Holzheu, (vergriffen)
Auf jeden Kundeneinwand am Telefon sofort die richtige Antwort, Gerlinde Felix, München 1997
Das konstruktive Gespräch, Manfred Gührs/Claus Nowak, Meezen 1995
Denken. Lernen. Vergessen, Frederic Vester, München 1994
Die 100 Gesetze des Verkaufs im Außendienst, Harry H. Holzheu, München 1985
Die 20 erfolgreichen Regeln für überzeugendes Sprechen und Verhandeln am Telefon, Manfred Haucke, (vergriffen)
Die Managerkonferenz, Thomas Gordon, Hamburg 1979
Die Vollkommenheit der Welt, Rene Egli,
Durch Kundeneinwände mehr verkaufen, Edmund-Udo Franke, Landsberg am Lech 1993
Ich bin o.k. – du bist o.k., T.A. Harris, Reinbek 1975
Ihr Draht zum Erfolg, Herbert Hainzinger, Wien/Frankfurt 1998
Körpersprache, Samy Molcho, München 1983
Miteinander Reden 1, 2 und 3, Friedemann Schulz von Thun, Reinbek 1999
Professionell telefonieren in fünf Sprachen, Victor Scheitlin, Zürich 1994
Sinnliche Intelligenz – Ein motivierendes Trainingsprogramm, Thomas Rückerl, Paderborn 1999
Souverän verhandeln, Harry H. Holzheu, Hamburg 1986
Spiele der Erwachsenen, Eric Berne, Hamburg 1986
Telefontraining in Banken, Günther Geyer,
Verkauf beginnt, wenn der Kunde nein sagt, Richard S. Seelye/O. William Moody, Landsberg am Lech 2000

Auflösung der Übung zur Fragetechnik

Auflösung der Übung zur Fragetechnik auf Seite 61

1, 9, 15, 16 = Geschlossene Fragen

2, 4, 7, 10, 12, 14 = Offene Fragen

3, 5, 11 = Alternativfragen mit Zusatzinformation

6, 8, 13 = Suggestivfragen